ДИАЛОГ 4

Рабочая тетрадь

Deine **interaktiven Gratis-Übungen** und **Audios** findest du auf scook.de. Dort gibst du den unten stehenden Zugangscode in die Box ein.

Dein Zugangscode auf
www.scook.de | **uf4ke-xrhm9**

Cornelsen

Диалог 4 *Arbeitsheft*

Autorinnen Cornelia Bomberg, Elena Kushnir
Interaktive Übungen Aleksandra Sambure
Berater Steffen Neumann
Redaktion Lena Richert, Dr. Uta Röhrborn, Viktoria Scharf
Illustrationen Dorina Tessmann
Umschlaggestaltung Lemme Design, Berlin
Layout und technische Umsetzung Marina Goldberg

Cover Adobe Stock/Tryfonov

Tonstudio Clarity Studio, Berlin
Sprecherinnen und Sprecher: Aina Dzhabrailova, Nikolai Hansch, Anna Knaifel, Grigory Kofman, Kateryna Rau, Murad Sattarov

Verwendete Symbole und Abkürzungen

- M Muster
- Partnerarbeit
- Gruppenarbeit
- EN DE Sprachvergleich
- ↗ S. XXX ↗ S. XXX ↗ S. XXX Verweis auf Differenzierungsangebot im Anhang
- – Hilfen zur Bewältigung der Aufgaben
- – anspruchsvolle Übung
- – Übung für Herkunftssprecher/innen
- Hörübung auf scook.de
- ТРКИ ТРКИ – Testformat
- ▶ SB S. 11/2 Verweis auf Schülerbuch Seite 11 Übung 2

www.cornelsen.de

1. Auflage, 1. Druck 2019

Alle Drucke dieser Auflage sind inhaltlich unverändert und können im Unterricht nebeneinander verwendet werden.

Druck: Druck: Firmengruppe APPL, aprinta Druck, Wemding

ISBN 978-3-06-121701-3

PEFC
PEFC/04-32-0928

PEFC zertifiziert
Dieses Produkt stammt aus nachhaltig bewirtschafteten Wäldern und kontrollierten Quellen.
www.pefc.de

Повторение.

Занимаемся языком.

1 **Тина рассказывает, как она провела лето. Напиши глаголы в правильной форме.**

Мы с Машей ______________________ (познакомиться) во время школьного обмена.
Маша как и я ______________ (учиться) в десятом классе и тоже ____________________ (увлекаться) информатикой и музыкой.
Летом я четыре недели _________ (быть) в гостях у Маши в Москве. Однажды мы _______________ (гулять) по парку имени Горького. Там ____________________ (проходить) интересная выставка о современной музыке. Молодые люди ____________ (играть) на современных инструментах и __________________ (рассказывать) о разных музыкальных кружках. Мы с Машей ________________ (прочитать) на этой выставке интересный флаер о практике в музыкальной школе.
После этого мы с Машей долго _______________ (говорить) о будущем, __________________ (рассказывать) о своих планах и о том, что мы ______________________ (делать), когда ______________ (окончить) школу.

Shutterstock/dimbar76

2 а **Прочитай флаер музыкальной школы. Вставь слова *какой-нибудь, когда-нибудь, что-нибудь* в правильной форме.**

Наша музыкальная школа приглашает вас!

- Ты хочешь играть на ______________________ музыкальном инструменте?
- Ты хочешь делать ____________________ новое и интересное?
- Ты хочешь __________________ стать музыкантом, певцом или певицей?

Приходи в нашу музыкальную школу!

Shutterstock/Anne Mathiasz

б **Ответь на вопросы учителей этой музыкальной школы.**

1. В какую школу ты ходишь?
____

2. В каком классе ты учишься?
____

3. Какую музыку ты любишь?
____

4. Какой музыкальный инструмент у тебя любимый?
____

3 Чем ты хотел/а бы заняться этим летом? Прочитай флаеры и дополни вопросы. Потом задай эти вопросы своему партнёру/ своей партнёрше и запиши его/её ответы в тетрадь.

Музыкальная школа
им. П. И. Чайковского

Вы хотите играть на музыкальном инструменте или петь?
Вы хотите играть песни своих любимых групп?

Приходите в нашу музыкальную школу!

Если вы хотите получить больше информации, то зайдите на наш сайт!

ТУРБЮРО ГОЛУБОЕ МОРЕ

Что может быть лучше, чем купаться и загорать на солнце каждый день!

- Вы устали от работы или от школы?
- Вы мечтаете отдохнуть или провести каникулы на море?

Звоните нам по телефону: **+7-916-438-2XXX**
или пишите нам на наш электронный адрес:
tur_goluboe_more@example.com

М – Ты хотел/а бы записаться в музыкальную школу?

1. – Ты хотел/а бы ______________________
   – Ты хотел/а бы ______________________
   – Ты хотел/а ______________________
   – Ты хотел/а ______________________

2. – Ты хотел/а ______________________
   – Ты хотел/а ______________________
   – Ты хотел/а ______________________
   – Ты мог/ла ______________________

4 Напиши предложения по образцу в сослага́тельном наклоне́нии (Konjunktiv).

Вспомни:
Dativ + надо + бы + *Infinitiv*

М Макс: Я хотел бы работать врачом в больнице.

Мама: ______________________

Нина: ______________________

Учитель: ______________________

Коля: ______________________

Это мне по душе

Слова – наше богатство.

↗ S. 68
↗ S. 80

1 **Реши кроссворд на тему *Профессии*.** ▶ Nach SB S. 11/3

1. Человек, который делает съёмку и монтаж фильма или видео.
2. Человек, который интересуется программированием страниц интернета.
3. Женщина, которая работает в больнице и помогает врачу.
4. Мужчина, который ведёт передачи или ток-шоу на телевидении.
5. Человек, который чинит машины.
6. Человек, который готовит еду в ресторанах.
7. Человек, который работает в бюро.
8. Человек, который пишет тексты/сценарии для кино или театра.
9. Человек, который работает в театре или в кино, делает фильмы.
10. Человек, который работает в газете или журнале и любит писать.

				1			Е													
					2		Е		–											
					3		Е													
	4						Е													
	5						Е													
					6		Е		–											
7					–		Е													
				8			Е													
					9		Е													
		10					Е													

2 **Чем интересуются или увлекаются люди этих профессий? Составь предложения.** ▶ Nach SB S. 11/4

телевидение машины театр кино компьютеры продукты здоровье

1. Автомеханик ______________________
2. Сценарист ______________________
3. Телеведущий ______________________
4. Веб-программист ______________________
5. Повар ______________________
6. Физиотерапевт ______________________

↗ S. 68

3 **Какие личные качества важны для любви и дружбы, а какие для работы или практики? Подумай и напиши эти качества.** ► Nach SB S. 11/5

личные качества	
любовь и дружба	работа или практика

Занимаемся языком.

↗ S. 68

4 **Чем нужно увлекаться и какие качества нужны для этих профессий? Подумай и напиши предложения.** ► Nach SB S. 12/8

stock.adobe.com/Syda Productions; stock.adobe.com/mdurson; stock.adobe.com/drubig-photo; stock.adobe.com/Monkey Business; Shutterstock/Irina Bg

Я Маша. Я могла бы стать корреспондентом, если бы я …

Я Андрей. Я мог бы стать веб-дизайнером, если бы я …

Я Зина. Я могла бы стать медсестрой или врачом, если бы я …

Я Алекс. Я мог бы стать оператором, если бы …

Я Катя. Я могла бы стать сценаристом или писательницей, если …

M Если бы Маша была коммуникабельной и открытой и любила бы писать тексты, то она могла бы стать корреспондентом.

Если бы Андрей ______________________________

____

Если бы Зина ______________________________

____

Если бы Алекс ______________________________

____

Если бы Катя ______________________________

____

S. 68
S. 76

5 **Вы хотите представить в классе разные профессии. Допиши к каждой профессии одно личное качество. Потом напиши предложения по образцу.** ► Nach SB S. 12/8

Телеведущий	**Сценарист**	**Офис-менеджер**
креативный	*разносторонний*	ответственный
коммуникабельный	*талантливый*	пунктуальный
______	______	______

M Если бы я был/а креативным и коммуникабельным человеком, то я мог/ла бы стать телеведущим/телеведущей.

____

____

____

____

____

____

Давайте послушаем.

2 **6** **Послушай, что рассказывают о себе Марина и Михаил. Дополни предложения.** ► Nach SB S. 13/9

1. Марина увлекается ______________ и модой.
Она считается себя ______________ и серьёзной.
Она хочет стать модельером или ______________.

2. Михаил интересуется ______________ и техникой.
Он думает, что он любознательный и ______________.
На практике он хочет помогать ______________ в автосервисе.

Учимся писать.

7 **Представь, что ты ищешь практику. Что ты мог/ла бы написать о себе? Ответь на следующие вопросы.** ► Nach SB S. 13/10

Какие у тебя есть личные качества?
Какие у тебя хобби? Чем ты увлекаешься/интересуешься?
Кем ты хотел/а бы стать, когда вырастешь?
Если бы ты мог/ла выбрать город и университет, какой бы ты выбрал/а?

Большая карьера

Занимаемся языком.

S. 80

1 **Добавь местоимение *друг друга* в правильной форме.** ► Nach SB S. 15/2

Для выпускников школ последний звонок – это особенный праздник. После последнего звонка ребята больше не будут видеть ______________________ каждый день. Но многие будут оставаться ______________________ в контакте в социальных сетях, чтобы и после школы знать всё ______________________.

Для этого праздничного дня девушки помогают ______________________ найти красивые платья. А мальчики советуются ______________________, как лучше подготовить этот особенный вечер.

S. 80

2 **Добавь союзы *ни …, ни; и …, и; или …, или.*** ► Nach SB 15/3

Shutterstock/sianc

stock.adobe.com/Syda Productions

Shutterstock / Monkey Business Images

stock.adobe.com/Alexander Raths

Я не люблю _____ детективы, _____ комедии.

Мы едем на Кавказ! Мы будем ________ в Грузии, ________ в Армении.

Мне надо выбрать ______ испанский, ______ французский язык.

Я люблю ____ математику, ____ литературу, ____ историю.

Давайте послушаем.

S. 69

3

3 **Послушай разговор Анны и Антона Павловича и сделай заме́тки (Notizen). Потом прочитай выска́зывания (Aussagen) и скажи, какое сообщение написала Анна.** ► Nach SB S. 16/4

1. Я живу в Дрездене и учусь в восьмом классе. Осенью я была в Санкт-Петербурге. Я очень люблю путешествовать. Русский язык – это мой первый иностранный язык.

2. У меня каникулы с 20 июля до 30 августа. Я люблю путешествовать. Я учу русский язык с пятого класса. Я уже проходила практику в больнице.

3. У меня каникулы с 20 июля до 30 августа. Осенью я была с группой учеников в Санкт-Петербурге. Я проходила практику уже два раза. Я очень люблю путешествовать и ездить на море.

4. Я проходила практику уже два раза. Первая моя практика была в детском саду. Но мне не очень понравилось работать с детьми. Я люблю играть в баскетбол.

Слова – наше богатство.

4 **Как сказать по-другому? Найди правильные слова и выражения для российских школ.**
▶ Nach SB S. 16/4

классы с 1-го до 4-го	*начальные классы*
школа с 1-го до 11-го класса	______________
много уроков какого-нибудь предмета	______________
учитель, учительница	______________
ученики, которые сдали ЕГЭ	______________

Учимся писать.

↗ S. 69
↗ S. 81

5 **Представь, что твой друг Игорь вместе с тобой хочет поехать в летний лагерь. Напиши сначала данные Игоря в правильном порядке, а потом свои данные.** ▶ Nach SB. 16/5

• г. Калуга • английский язык со 2 класса • 916–756–43–XXX • г. Калуга
• igor_suri@example.com • баскетбол • немецкий язык с 5 класса • ответственный
• практика в детском клубе • 10 мая 2005 г. • ул. Свердлова д. 10 кв. 7
• 1 месяц • Лейпциг, школа им. Фридриха Шиллера • пунктуальный • 9-й класс
• Суриков Игорь Борисович • средняя школа № 27 • языки программирования

ФИО[1]		
адрес		
телефон		
имейл		
дата и место рождения		
школьное образование		
иностранные языки		
опыт работы и знания		
интересы		
личные качества		
участие в школьном обмене		

1 фамилия, имя, отчество

6 a **Прочитай флаер и подчеркни́ ключевы́е слова (unterstreiche Schlüsselwörter).** ▶ Nach SB S. 17/9
Methode S. 158

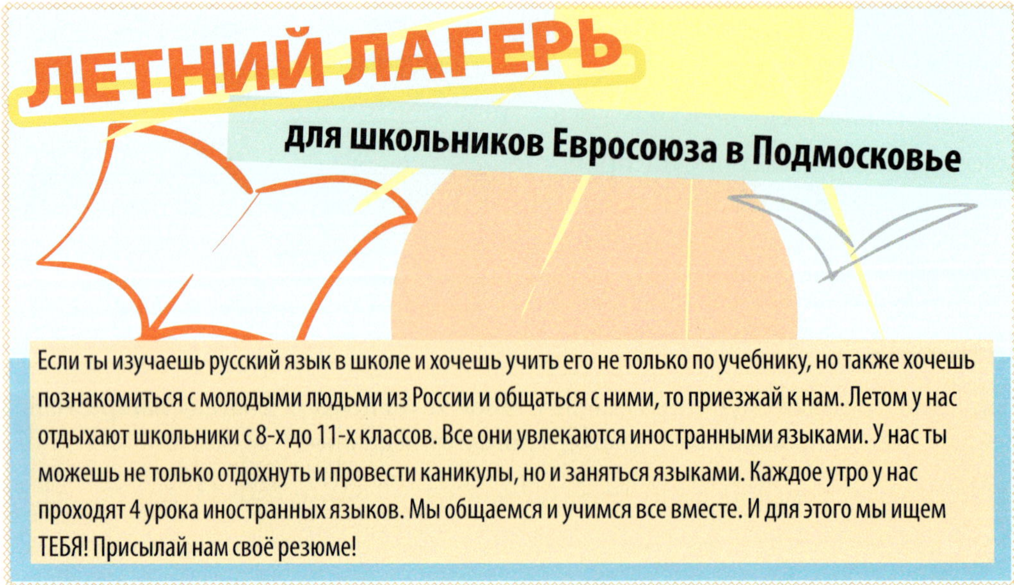

б **На сайте этого летнего лагеря есть вопросы для тех, кто хочет туда поехать. Ответь на эти вопросы в форме сопроводительного письма.** ▶ Methode S. 167

В каком классе ты учишься?

С какого класса ты учишь русский язык?

Сколько уроков у вас в неделю?

Какие личные качества у тебя есть?

Ты уже участвовал/а в школьном обмене?

Чем ты интересуешься?

Какую практику ты уже проходил/а?

Чем ты занимаешься в свободное время?

Почему ты хочешь приехать в лагерь?

От кого:

Кому: sommercamp@example.com

Тема: Летний лагерь в Подмосковье

Первое собеседование

Занимаемся языком.

1 **Прочитай ответы и напиши к ним вопросы. Используй *ли*.** ▶ Nach SB S. 19/3

____

____

____

2 **Напиши по-русски. Используй местоимения и наречия с *-то*.** ▶ Nach SB S. 20/5

1. Ich habe schon mal meinen Lebenslauf an diese Firma geschickt.

____

2. Ich habe irgendwo im Internet eine Anzeige für ein Praktikum im Krankenhaus gesehen.

____

3. Ich habe ein Buch über dieses Thema gelesen, aber es hat mir nicht gefallen.

____

4. Ich hatte Fragen zum Praktikum, habe aber vergessen sie aufzuschreiben.

____

3 **Добавь слова с *-то* или с *-нибудь* в правильной форме.** ▶ Nach SB S. 20/5

Я мечтаю стать корреспондентом и писать о ______________ известных людях или о ______________ событиях в нашем городе. В детстве я любил ходить на ______________ выставки, а потом описывать их ______________ из одноклассников. Ещё я любил рассказывать ______________ истории о школе или о ______________ из друзей. Мне даже ______________ из учителей посоветовал пройти собеседование в ______________ газете или в ______________ журнале. Сегодня я послал своё резюме в городскую газету!

Слова – наше богатство.

4 а **Добавь подходящие императивы.** ▶ Nach SB S. 20/7

S. 69

S. 76

_______________ одежду классического стиля.

_______________ что ты хочешь рассказать о себе.

_______________ как долго тебе ехать до места собеседования.

_______________ чётко на все вопросы.

б **Придумай и напиши ещё три совета для собеседования.**

S. 81

____

____

____

____

5 а **Прочитай два объявления из интернета и подчеркни ключевые слова.** ▶ Nach SB S. 20/7

Языки – наше будущее

Мы ищем учеников в Германии, которые хорошо говорят по-русски и хотят подработать после школы. Мы проводим онлайн курсы. Если вы надёжные, коммуникабельные, вежливые и можете хорошо объяснять грамматику, то присылайте нам своё резюме.

Shutterstock/Rawpixel.com

Shutterstock/ESB Professional

Работа для школьников выпускных классов

Мы молодая семья. У нас двое детей. Мы ищем ребят 16–17 лет, которые могли бы забирать наших детей из школы и заниматься с ними русским языком.
Будем рады пригласить вас на собеседование!

б **Представь, что ты хочешь работать по одному из этих объявлений. Выбери одно объявление и напиши пять вопросов, которые ты хотел/а бы задать во время собеседования.**

____

____

____

____

____

____

Помоги другим.

6 Прочитай флаер организации *Volksbund Deutsche Kriegsgräberfürsorge*. Напиши об этом проекте школьнику/школьнице из России и предложи ему/ей вместе с тобой участвовать в этом проекте. ► Nach SB S. 21/8

Frieden gestalten –
Magdeburg International

Das Projekt „Frieden gestalten" wird im Juli weitergeführt! Denkmäler der vergangenen Kriege[1] stehen in jeder Stadt. Aber wo ist das Denkmal für den Frieden? Das bauen wir, gemeinsam!

Etwa dreißig Jugendliche aus verschiedenen Ländern Europas kommen bei der zweiwöchigen Jugendbegegnung in Magdeburg zusammen, um sich über die europäische Geschichte auszutauschen und Grab- und Gedenksteine kennenzulernen.

Gemeinsam entwickeln wir Entwürfe für ein Friedensdenkmal und bauen dies mit Künstlern aus Magdeburg. Außerdem gibt es natürlich viel Ferienspaß: Baden, einen Ausflug nach Berlin und einen wunderbaren Sommer mit internationalem Flair in Magdeburg.

akg-images / Sch.tze / Rodemann

Ehrenmal von Barlach, Dom, Magdeburg

Die Sprache im Camp ist Englisch.
Die Teilnehmer sollten zwischen 14 und 20 Jahre alt sein.
Die Unterbringung erfolgt in Mehrbettzimmern mit Vollverpflegung.
Die Teilnehmergebühr beträgt 150,00 Euro.
Bewerbungen sind per Mail bis zum 10. Januar einzusenden.

1 войнá

Проверь себя.

Занимаемся языком.

ТРКИ **1** **Подчеркни, что правильно.**

1. Маша не хочет быть *ни/или/и* учительницей, *ни/или/и* врачом.
   Она хотела бы стать актрисой.
2. Коля хотел бы изучать *и/ни* математику, *и/ни* физику.
3. *Если бы/ Когда/ Если* мы учили русский язык, то мы поехали бы по обмену в Россию.
4. Если бы мне нравился спорт, то я *нужно/ хотел бы/ стал бы* спортсменом.

2 **Вставь правильные местоимения или наречия с *-то*.**

1. – Ты уверен, что Макс в этой газете ________________ уже проходил практику?
   – Да, Макс ________________ уже проходил там практику, он вчера ________________ из друзей об этом рассказывал.

2. – Мы ________________ в интернете читали о том, что на телевидении проходит ________________ новый конкурс для молодых певцов.
   – Да, я тоже ________________ об этом читала, но не помню, где.

Давайте послушаем.

4 **3** **Послушай интервью. Найди правильные ответы. Иногда возможны несколько ответов.**

1. Журналист Илья Рыло́в берёт интервью …	А на би́рже[1] практик. Б на Мане́жной площади. В на Красной площади.
2. Михаил Во́лков менеджер …	А магазина. Б турагенства. В гостиницы.
3. Михаил Во́лков ищет …	А учителей. Б медсестёр. В волонтёров.
4. Во́лков считает, что работа на каникулах с детьми будет полезна студентам …	А факультета туризма. Б факультета спорта. В педагогического факультета.
5. Ребята, которые хотят пройти такую практику, должны быть …	А ответственными. Б пунктуальными и креативными. В серьёзными.
6. После разговора с менеджером ребята должны …	А сделать тест. Б послать сопроводительное письмо. В послать своё резюме.

1 Börse

Помоги другим.

4 Прочитай флаер и напиши главную информацию на немецком языке.

Детский дом в Башкинó,
в прекрасной деревне в Подмосковье

(ехать на электричке в сторону Калуги)

У нас живут 40 детей в возрасте с 6 до 13 лет.
Все они учатся в нашей школе.
В нашем детском доме есть маленький спортзал и кабинеты для занятий. Вокруг школы лес с чудесным озером.

Мы ищем волонтёров, которые один год могли бы у нас работать и организовывать свободное время детей.

- У тебя уже есть опыт работы с детьми?
- Ты любишь креативно работать, умеешь играть на музыкальном инструменте и любишь заниматься спортом?

Приглашаем тебя на день открытых дверей 10 апреля!
Мы покажем и расскажем тебе всё о нашей работе.
Пришли нам своё резюме и сопроводительное письмо до 30 апреля на наш электоронный адрес.

Arbeitsort: ______________________

Arbeitsstelle: ______________________

Erreichbarkeit mit öffentlichen Verkehrsmitteln: ______________________

Tätigkeit: ______________________

Zeitraum: ______________________

Voraussetzungen: ______________________

Geforderte Bewerbungsunterlagen: ______________________

Bewerbungszeitraum bis: ______________________

Das kann ich schon.

Schätze mit den Smileys ein, wie du diese Aufgaben schon beherrschst.

Ich kann	☺☺	☺	😐	☹
– umfassende Texte zu Bewerbungen lesen und Details auf Deutsch wiedergeben.				
– Gespräche zur Berufsorientierung verstehen und Details richtig erfassen.				

2 Повторение.

Занимаемся языком.

- 20 ноября 2010 года
- с 1860 до 1861 года
- (в) 1859 году
- (с) октября 1844 года
- 9 сентября 1828 года

1 **Добавь даты. Прочитай предложения вслух (laut).**

Лев Николаевич Толстой родился ______________________.

С ______________________ он был студентом в Казани. В ______________________ он построил школу для детей в Я́сной Поля́не. Лев Толстой путешествовал по Западной Европе ______________________. ______________________ в России и в Европе праздновали 100 лет со дня сме́рти[1] великого писателя.

1 Tod

2 **Ответь на вопросы. Добавь даты в правильной форме. Обрати внимание на вопросительные слова.**

1. В каком году Илья Репин нарисовал портрет Льва Толстого? → 1887 г.

____

2. С какого до какого года Л. Толстой писал роман *Анна Каренина*? → 1873–77 гг.

____

3. Какого числа Лев Толстой умер? → 20.11.1910 г.

____

4. С какого месяца и года в Москве показывают мюзикл по роману *Анна Каренина*? → декабрь 2016 г.

____

3 **Напиши предложения по-русски.**

1. Im Januar 1857 fuhr Tolstoi zum ersten Mal nach Paris.

____

2. Von 1862 bis 1869 schrieb er den Roman *Krieg und Frieden*.

____

akg-images

Лев Толстой, Ясная Поляна, 1903 г.

4 **Добавь следующие слова в правильной форме.**

известный | русский (2 x) | актуальный | современный | интересный

На уроках литературы ученики в России много читают о ____________ писателях. Они читают романы ______________ во всём мире писателя Ф. Достоевского, читают стихи и романы всегда ______________ и ________________ Б. Пастернака и учат стихи ____________ писателя А. Пушкина. Каждый ученик знает об ______________ жизни Льва Толстого и его романе *Анна Каренина*.

5 **Добавь страда́тельные прича́стия проше́дшего вре́мени (Partizip Präteritum Passiv) в правильной форме.**

был написан | был открыт (2X) | был прочитан | был назван | был показан

Имя Льва Толстого известно во всём мире. Львом Толстым ______________ известные романы не только русской, но и мировой литературы.
В России ______________ много музеев, культурных центров и университетов имени Льва Толстого. В его честь также ______________ улицы и площади во многих городах России.
Повести и романы Льва Толстого ______________ людьми разных стран мира.
А фильмы по его романам и повестям ______________ в России, в Англии, в Америке и в других странах мира.
Льва Толстого очень любят и в Германии. В Мюнхене ______________ библиотека имени Льва Толстого.

Давайте послушаем.

5 **6 а** **Кира была на экскурсии в Ясной Поляне. Послушай текст и скажи, какой писатель там жил.**

б **Послушай текст ещё раз и выбери правильный ответ.**

1. Музей-уса́дьба[1] Льва Толстого находится недалеко от города *Орла́/Ту́лы/Калу́ги*.
2. В Ясной Поляне был открыт детский сад в *2001/2002/2011* году.
3. В Ясной Поляне для туристов была открыта *гостиница/вокзал/библиотека*.
4. По территории музея можно кататься *на велосипеде/ верхом/ на лодке*.
5. Летом в Ясной Поляне проходит фестиваль *Толстой сегодня/ Толстой в Ясной Поляне/ Толстой*.
6. С *2005/ 2015/ 2025* года по Ясной Поляне можно совершать виртуальные экскурсии.
7. Если у вас есть мобильный, то вы можете сделать аудиотур по *всему магазину/ всей территории музея/ всей гостинице*.
8. Кире особенно понравились аудиолекции *Толстой и Пушкин/ Толстой и Гоголь/ Толстой и Достоевский*.
9. Лев Толстой прожил *скучную/ неинтересную/интересную* жизнь.
10. После экскурсии в Ясную Поляну Кира начала читать роман *Война́*[2] *и мир/ Война и Россия/ Война и я*.

1 Das Landgut-Museum 2 Krieg

Shutterstock/Artyom Mirniy

Музей-усадьба Льва Толстого *Ясная Поляна*

2A Литература – учитель жизни

Занимаемся языком.

1 **Напиши слова в правильной форме.** ▶ Nach SB S. 31/4

Пётр Чайковский, 1940 г.

Будущий композитор Пётр Ильич Чайко́вский родился в ____________ (большой) семье ____________ (7 май 1840 г.). Ещё в детстве он писал стихи на ____________ (французский) языке. Чайко́вский очень любил ____________ (европейский) культуру и прекрасно говорил по-____________ (французский) и по-____________ (итальянский). После переезда в Петербург в ____________ (1848 г.), он стал часто посещать театр и увлёкся симфонической ____________ (музыка).

В ____________ (1870-е годы) он интересовался ____________ (исторический) событиями в России. В эти годы он написал балет *Лебединое озеро*, музыку к драме Николая Остро́вского *Снегурочка*, оперу *Евгений Онегин* и многие другие ____________ (известный) произведения. В ____________ (1877 г.) он женился на Антони́не Милюко́вой.

Умер Пётр Ильич Чайко́вский ____________ (6 ноябрь 1893 г.) в Москве.

2 **Добавь окончания фамилий в правильной форме.** ▶ Nach SB S. 32/5

Айвазовский | Жуковский | Бродский | Плисецкая | Паустовский | Ковалевская | Кандинский | Раневская | Маяковский | Чуковский

Русские фамилии на *-ский* – это фамилии польские или еврейские. Потом их стали давать русским дворя́нам[1]. В России очень много известных людей с такими фамилиями. Например, Со́фью Ковале́вск________ – первую русскую женщину-профессора математики – называли принцессой русской науки. Фаи́на Ране́вск________ – известная актриса, её шутки знают многие, кто живёт в России. О Ма́йе Плисе́цк________ – известной русской балерине – есть много фильмов. Ио́сиф Бро́дск________ получил Но́белевскую пре́мию[2] по литературе. Васи́лию Канди́нск________ и Ивану Айвазо́вск________ посвящено много выставок в музеях и галереях. И конечно же, многие знают стихи Корне́я Чуко́вск________ и произведения Владимира Маяко́вск________, басни Васи́лия Жуко́вск________ и рассказы Константи́на Пaусто́вск________.

1 die Adligen 2 der Nobelpreis

Слова – наше богатство.

↗ S. 76
↗ S. 82

3 **Посмотри на картинки к роману Ивана Гончаро́ва *Обло́мов*. Как ты думаешь, какие слова описывают героев и их жизнь? Прочитай и дополни тексты следующими словами.**

► Nach SB S. 33/8

активный ленивый богатый мягкий умный
яркий интересный образованный решительный нерешительный

Мне кажется, Обломов очень ____________ человек. Он из ____________ семьи и мог бы сделать много хорошего в своей жизни. Но он предпочитает не делать ничего. Даже тогда, когда от него уходит его любимая женщина, он остаётся лежать на диване, потому что он ____________ и ____________ человек. Обломов лежит на диване и мечтает. Можно сказать, что он живёт в вирутальном мире. Поэтому мне кажется, что *Обломов* – это интересный роман и в наше время. Иногда я думаю, что многие могли бы целыми днями лежать с телефоном на диване и ничего не делать. У нас есть свои современные Обломовы.

Штольц – очень ____________ и ____________ человек. Он много учился и поэтому он ____________ и ____________. Ему нравится всегда что-то делать и придумывать новые проекты. Его жизнь ____________ и ____________. У него много идей и планов. Мне нравятся такие герои и люди, потому что они могут изменить мир. Они показывают, какой интересной может быть жизнь человека.

Учимся писать.

4a **Прочитай, что пишут ребята. Напиши к каждому высказыванию один вопрос.**

► Nach SB S. 32/6

Макс: Мне нравятся книги об интересных исторических событиях и ярких людях. Обычно я читаю книги на своём смартфоне в метро, когда еду в школу.

Ольга: По дороге в школу я слушаю музыку или аудиокниги на разных языках. Слушать аудиокниги очень удобно. Больше всего я люблю слушать детективы и интересные рассказы.

Алекс: Больше всего я интересуюсь стихами и романами о любви. Мне очень нравится читать о людях с богатым внутренним миром и яркими чувствами.

____

____

____

б **Напиши похожее высказывание о себе.**

Обо мне

____

____

____

____

5 а **В московской школе был проведён конкурс на лучший рассказ. Прочитай, что написал Дима о лучшем рассказе конкурса.** ► Nach SB S. 33/10

Мне очень понравился рассказ моего одноклассника Саши. В нём идёт речь об Иване Петрове, который никак не может найти друзей. Он чувствует себя очень неуверенно, особенно с девушками. Он очень стесняется с кем-нибудь познакомиться, или пригласить кого-нибудь, например, в кино. Иван думает о себе, что он несимпатичный и скучный человек. Он постоянно сидит и пишет что-то в своём телефоне.

Из рассказа мы узнаём, что Иван пишет рассказы в литературном блоге в интернете и что эти рассказы очень популярны среди молодых людей. Иван умеет интересно и ярко описывать характер, личные качества, о чём мечтают и чего хотят другие люди. Можно сказать, что Иван – это человек с очень интересным и богатым внутренним миром.

В произведении Саши много юмора и шуток. Своим рассказом Саша показал, что наш внутренний мир делает нас яркими, привлекательными и интересными людьми. И совсем неважно, как ты выглядишь.
У меня было много хороших эмоций, когда я читал Сашин рассказ. Я надеюсь, что Саша когда-нибудь напишет произведение, которое будет опубликовано.

↗ S. 77

б **Продолжи предложения о главном герое произведения Саши.**

1. Главного героя рассказа Саши зовут ______________________
2. Иван думает, что он ______________________
3. Ивану трудно ______________________
4. Иван Петров пишет ______________________
5. Иван интересный человек, потому что ______________________

____

↗ S. 82

6 **Напиши в тетради текст о себе. Напиши, …** ► Nach SB S. 33/10

– любишь ли ты читать книги и почему.
– какое произведение твоё самое любимое.
– какие герои тебе нравятся; какие качества тебе в них нравятся.
– кто твой любимый герой/ твоя любимая героиня. Опиши его/её. Напиши о его/её личных качествах, чем он/она занимается, почему он/она тебе нравится.

Слова – наше богатство.

1 **Вы с учениками из России в музее в Германии. Что нужно, нельзя, а что должны делать ребята в музее? Выбери 4 правила поведения и напиши их по-русски.** ▶ Nach SB S. 35/5

- Die Karten müssen an der Kasse gekauft werden.
- Um im Museum zu fotografieren, ist der Erwerb einer Fotoerlaubnis erforderlich.
- Die Sonderausstellung kann nicht ohne Guide besucht werden.
- Führungen sollten vorher bestellt werden.
- Jeder Besucher sollte sein Handy ausschalten.
- Ein Katalog zu den Ausstellungen kann im Museumsshop im Erdgeschoss gekauft werden.

2 **Реши кроссворд и найди слово на тему *Искусство*.** ▶ Nach SB S. 36/7

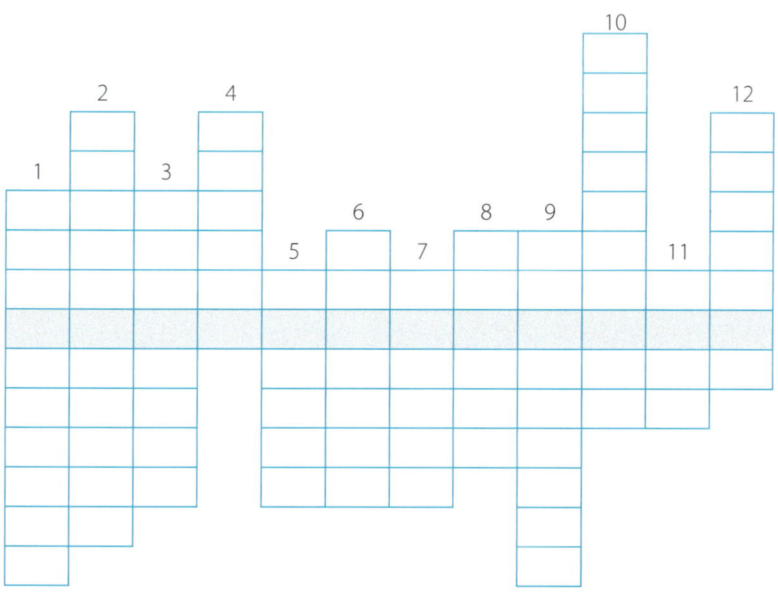

1. der Aufbau/die Komposition
2. der/die Fremdenführer/in
3. der Künstler
4. die Farben
5. der Blick
6. das Gefühl
7. das Landschaftsbild
8. das Meisterwerk
9. das Äußere
10. die Stimmung
11. das Gesicht
12. das Porträt

3 **Посмотри на картины в учебнике на стр. 36. Ответь на вопросы к картине, о которой экскурсовод не рассказывает.** ▶ Nach SB S. 36/8

1. Кто нарисовал эту картину, как она называется?

2. Что изобразил художник на этой картине?

3. Какими красками художник нарисовал эту картину?

4. Какое настроение передаёт художник этой картиной?

Давайте послушаем.

6

4 а **Послушай, как экскурсовод описывает картину Франсуа́-Юбе́ра Друэ́ *Портрет князя Дми́трия Миха́йловича Голи́цына* и запиши важные факты в таблицу.** ▶ Nach SB S. 36/8

музей	
время, когда была написана картина	
страна, в которой родился художник	
левая часть картины	
характер	
краски/цвета	

б **Найди эту картину в интернете и напиши 3–4 предложений о ней.**

– Кто изображён на картине? Опиши его.

– Что ещё мы видим на картине?

– Какими красками изображена картина?

Помоги другим.

S. 70

5 а **В вашей школе проходит проект по русскому языку по теме *Совместные проекты России и Германии*. Ты нашёл/нашла интересную информацию о музеях г. Москвы и г. Готы. Прочитай эти два текста и подчеркни главную информацию. Потом сделай заметки к датам, которые стоят после текстов.** ▶ Nach SB S. 37/9

Die Kontakte zwischen Gotha und Moskau haben eine lange Tradition. Bereits 1674 reisten Diplomaten des russischen Zaren Alexej I. Michailowitsch nach Gotha. Noch heute kann man bei uns in der Ausstellung die Geschenke sehen, die der russische Zar dem Gothaer Herzog machte. Nach dem Ende des 2. Weltkrieges wurde 1945 eine Vielzahl an Kunstwerken in die damalige Sowjetunion abtransportiert. Ein Teil der Kunstwerke kehrte Ende der 1960er Jahre nicht zurück und befindet sich heute im Puschkin-Museum. So verbindet die beiden Museen die gemeinsame Geschichte der heute geteilten Gothaer Sammlung.

Der Kontakt zwischen den Museen ist enorm wichtig, um eine kulturelle Brücke zu bauen. So gibt es einen Austausch zwischen den Wissenschaftlern und wir können gemeinsame Projekte und Ausstellungen realisieren, die das kulturelle Erbe beider Museen in den jeweils anderen Ländern zeigen. Damit wird letztlich auch die Partnerschaft zwischen Russland und Deutschland gestärkt.

Dr. Timo Trümper, Direktor Wissenschaft und Sammlungen, Stiftung Schloss Friedenstein Gotha

Herzogliches Museum Gotha, Thüringen

mauritius images

В 2010 году мэр города Готы попросил наш музей предоставить для экспонирования картину Христиана Рихтера *Ernestus Dux Saxon nebst seiner Frau Gemahlin*.

В этом году в городе Гота отмечали юбилей – 375 лет со дня бракосочетания герцога Эрнста I Благочестивого Саксен-Готского с принцессой Елизаветой Софией Саксен-Альтенбургской, которые изображены на этой картине. Раньше эта картина находилась в Готе, в замке Фриденштайн, а с 1945 года находится у нас в Москве.

Картина относится к культурным ценностям, перемещённых из Готы в Москву во время войны[1]. Наши реставраторы сделали копию этой картины и передали её в Готу для постоянного экспонирования в замке Фриденштайн.

С этого момента начался обмен выставок. Так в 2016 году россияне познакомились с картинами из коллекции замка Фриденштайн на выставке о семье Кранахов, а жители Тюрингии в 2017 году посетили выставку французского искусства XVII-XVIII веков из нашего музея.

Мы хотели бы продолжить обмен новыми выставочными проектами, развивать[2] культурные, научные и образовательные программы с Готой, а также поддерживать дружеские отношения между нашими музеями.

Татьяна Владимировна Потапова, заместитель директора, главный хранитель Государственного музея изобразительных искусств им. А. С. Пушкина

mauritius images

Государственный музей изобразительных искусств имени А. С. Пушкина, г. Москва

1 kriegsbedingt verlagerte Kulturgüter 2 entwickeln

История картин	
1674 год	
1945 год	
1960-е годы	
1960-е годы	
2016–2017 годы	

6 **Объясни своими словами, почему в Готе есть экспонаты из Москвы, а в Москве есть экспонаты из Готы. Представь свой текст в классе.**

2B Искусство или мейнстрим?

Слова – наше богатство.

1 **Что подходит? Напиши как можно больше словосочета́ний (Wortverbindungen).** ▶ Nach SB S. 39/2

шедевр	люди	внимание
портрет		картина
настроение		произведение
человек		вид искусства

изобразить ______________________

нарисовать ______________________

____

написать ______________________

сравнить ______________________

передать ______________________

обратить ______________________

создать ______________________

2 **Добавь подходящие слова.** ▶ Nach SB S. 39/2

графити (2X) | стрит-арт | инсталляция | вид искусства (2X) | музыка | литература (2X)

Одним из главных видов ______________ является граффити. ______________ – это интересные и необычные рисунки. ______________ сегодня украшают дома и улицы многих городов.

Другой, не менее интересный вид стрит-арта, – это уличные ______________.

В наше время появляются не только новые ______________, но изменяются, становятся другими многие традиционные виды искусства, например, музыка и ______________.

В ______________ такие новые жанры как рок, хип-хоп, рэп и электронная музыка признаны сегодня настоящими ______________.

В ______________ тоже появляются всё новые и новые жанры, например, боевик, детектив, любовный роман, фэнтези и мистика. Можно сказать, что искусство, как и время, не стоит на месте.

Shutterstock/conrado

Занимаемся языком.

3 **Напиши названия этих трёх видов искусства. Потом сравни их и напиши 4–5 предложений. Используй слова *более* или *менее* и прилагательные в правильной форме.** ► Nach SB S. 39/3

интересный современный привлекательный оригинальный креативный

stock.adobe.com/grandfailure

Shutterstock/PureSolution

imago/ITAR-TASS

_______________ _______________ _______________

____

____

____

____

____

4 **Прочитай начало предложения. Образуй от прилагательного его краткую форму и дополни ею предложение. Обрати внимание на род (Genus) подчёркнутого существительного.**
► Nach SB S. 39/4

1. Счастливый человек – это <u>человек</u>, который _______________.
2. Привлекательная девушка – это <u>девушка</u>, которая _______________.
3. Оригинальное здание – это <u>здание</u>, которое _______________.
4. Оригинальные произведения искусства – это <u>произведения</u>, которые _______________.
5. Знаменитый актёр – это <u>актёр</u>, который _______________.
6. Известная картина – эта <u>картина</u>, которая всем _______________.

5 **Подчеркни правильную форму прилагательного.** ► Nach SB S. 39/5

1. Эрмитаж – это *популярен/популярный* музей.
2. Уличные инсталляции не всегда *понятные/понятны* людям.
3. Я считаю, что стрит-арт – это *удивителен/удивительный* вид искусства.
4. Наш класс быстро прочитал этот очень *интересен/интересный* рассказ.
5. Стрит-арт сегодня очень *популярен/популярный* у молодёжи.
6. Часто туристам *интересны/интересные* обычаи других стран.

Давайте послушаем.

↗ S. 77 7

6 **Послушай, что рассказывают ребята о выставке уличного искусства. Отметь правильные ответы и исправь неправильные.** ▶ Nach SB S. 40/8

	да	нет
1. Выставка современного уличного искусства проходила в музее.		
2. Всем ребятам выставка очень понравилась.		
3. Работы уличных художников можно было увидеть в музее уже в третий раз.		
4. Многие жители города были удивлены интересными и оригинальными работами художников.		
5. Современное искусство не всегда понятно без комментариев художников.		

____

____

Учимся писать.

↗ S. 82

7 a **Прочитай текст. Напиши коротко, о чём он.** ▶ Nach SB S. 40/10

Граффити *Бра́тский поцелу́й*[1] российского художника Дмитрия Вру́беля, который сегодня живёт в Берлине, – одно из самых известных граффити в мире. Художник нарисовал его в 1990 году прямо на Берли́нской стене́[2]. Сегодня эта часть стены стала галереей и называется *Ист-Сайд Гэллери*. Это самая длинная в мире картинная галерея под откры́тым не́бом[3]. Это граффити было создано по фотографии Барбары Клемм. Фотография стала символом того времени. На переднем плане мы видим Леони́да Бре́жнева и Э́риха Хо́некера – лидеров бы́вшего СССР и ГДР[4], которые целуются. Это граффити символизирует перестро́йку[5] и разруше́ние[6] Берлинской стены.

Дмитрий Врубель, *Братский поцелуй*, г. Берлин

Дмитрий Вру́бель создал на Берлинской стене художественное произведение, которое понятно всем, кто знает историю того времени.

1 Der Bruderkuss
2 Berliner Mauer
3 *hier:* Freiluft
4 ehemalige UdSSR und DDR
5 Perestroika – ab 1986 von Gorbatschow eingeleitete Modernisierung des wirtschaftlichen, politischen und gesellschaftlichen Systems der Sowjetunion.
6 Fall (der Berliner Mauer)

____

____

____

б **Продолжи предложения.**

1. В этом тексте речь идёт ______________________
2. Граффити можно увидеть ______________________

____

3. На известном граффити мы видим ______________________

____

Проверь себя.

Давайте почитаем.

1 Сначала прочитай, что пишут ученики в чате о литературе. Потом выбери правильные ответы.

Ljoscha 2010msk	Ребята, помогите! Мне надо сделать опрос по теме *Интересуется ли молодёжь литературой*. Кто из вас любит читать? Что вы читаете? Пишите!
ninotschka0824	Конечно, интересуюсь литературой и читаю, даже каждый день, мой кумир – Лорел Гамильтон и его фэнтези *Анита Блейк*.
Pit_A	Мне кажется, что художественная литература сегодня ушла немного на задний план.
200209dima	Среди моих друзей мало кто худо́жку[1] читает. Читают больше книги о бизнесе.
Tulipan_moskwa	В школе мы много слышали о Пушкине. Учили его стихи и читали его повести. Всё это, конечно, интересно, но всё это уже наша история и наше про́шлое[2].
Wladnowgord	Фантастика это по мне! Кристофер Паолини, *Эрагон* – это просто супер.
Lisa-pskow21	Мой папа – книгоман, сам пишет маленькие рассказы. Он посоветовал мне новый роман Владимира Войно́вича. Сначала я ничего не поняла – не знала, где шутка, а где реальность. Я поговорила с папой, и он объяснил, как нужно читать и понимать сатиру.
Ksjuscha0103	Я влюбилась. Я очень люблю стихи Ахма́товой и Есе́нина о любви. Через их тексты я понимаю, какое это чудо – ЛЮБОВЬ. Когда я читаю эти стихи – я на седьмом не́бе[3].

1 *Abkürzung von:* художественная литература 2 Vergangenheit 3 im siebten Himmel

1. Тема форума – …

А общество и литература. **Б** литературные интересы молодёжи. **В** литература и любовь.

2. Pit_A пишет, что художественная литература сегодня …

А не так популярна. **Б** играет важную роль. **В** никакой роли не играет.

3. В российских школах читают …

А романы В. Войновича. **Б** книги о бизнесе. **В** произведения А. Пушкина.

4. От своего папы Lisa-pskow21 узнала, как нужно …

А любить литературу. **Б** понимать сатиру. **В** быстрее прочитать книгу.

5. Когда читаешь стихи А. Ахматовой и С. Есенина узнаёшь, что любовь …

А является чудом. **Б** – это подарок жизни. **В** трудно описать в книгах.

Проверь себя.

Занимаемся языком.

2 **Добавь прилагательные в полной или краткой форме.**

интересный | популярный | известный | абстрактный

1. В Смоле́нске была открыта ________________ выставка известных русских художников.
2. Жизнь художника ________________ тем, кто любит его искусство.
3. Граффити в наше время очень ________________.
4. Стрит-райтер *P183* ________________ не только в России.
5. Картины ещё более ________________, если о них рассказывают сами художники.
6. В наше время популярен ________________ вид искусства.

Давайте послушаем.

8 **3** **Послушай, как ребята играют в игру об известных русских личностях. Соедини факты. Выбери одного человека и напиши, кем он был, когда он родился и умер.**

M Корне́й Чуко́вский являлся популярным детским писателем. Он родился в 1882 году и умер в 1969 году.

Корне́й Чуко́вский	1925–2015	балерина
Михаи́л Ле́рмонтов	1882–1969	композитор
Ма́йя Плисе́цкая	1840–1893	писатель
Алекса́ндр Солжени́цын	1866–1944	художник
Пётр Чайко́вский	1814–1841	поэт и писатель
Васи́лий Канди́нский	1918–2008	детский писатель

____

____

Das kann ich schon.

Schätze mit den Smileys ein, wie du diese Aufgaben schon beherrschst.

Ich kann	☺☺	☺	😐	☹
– über meine Leseinteressen erzählen oder schreiben.				
– Menschen und literarische Figuren charakterisieren.				
– Bilder beschreiben.				
– über moderne Kunstformen sprechen.				
– wesentliche Textinhalte wiedergeben.				

Повторение.

Слова – наше богатство.

1 **Ученики одной из немецких гимназий участвовали в проекте *Наша многонациональная школа*. Для этого проекта они провели опрос. Посмотри на диаграмму опроса и дополни текст.**

на первом месте | на втором месте | примерно (2X) | меньше | опрос | половина | больше | большинство

__________ показывает, что в этой гимназии учатся ученики разных национальностей. На __________ находятся немцы. Их __________ – примерно 65 процентов. Это __________, чем __________ всех учеников гимназии. __________ – ребята из турецких семей. Их __________ 12 процентов. 11 процентов составляют – русские, белорусы и украинцы. И __________ 10 процентов всех учеников приехали в Германию из разных стран Африки. А __________ двух процентов составляют ученики из Польши.

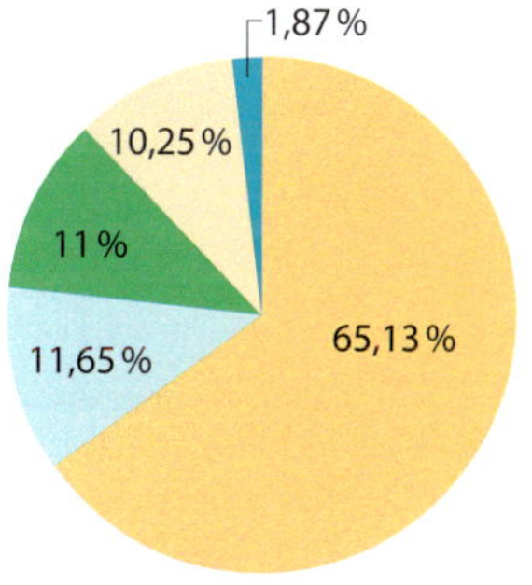

Занимаемся языком.

2 **Русский Берлин. Прочитай текст и напиши глаголы в правильной форме.**

Шарлоттенбург или Шарлоттенгра́д[1]?

Берлин – мультикультурный город и количество эмигрантов здесь с каждым годом __________ (расти). Многие люди из России, Казахстана и других бывших республик СССР __________ (жить) в райо́нах[2] Берлина Лихтенберг-Хоэншёнхаузен, Марцан-Хеллерсдорф и Шарлоттенбург-Вильмерсдорф. В этих районах __________ (находиться) русские магазины, билингвальные детские сады и школы. А в культурном центре Культурфорум в Хеллерсдорфе каждый год в марте __________ (проходить) Масленица.

Жители Берлина __________ (любить) заходить за продуктами в русские супермаркеты, с удовольствием __________ (есть) в русских ресторанах и __________ (покупать) книги в русских книжных магазинах.

Первые эмигранты из России __________ (приехать) в Германию ещё в 1917 году. Многие из них жили в Шарлоттенбурге, поэтому Шарлоттенбург русские ещё часто __________ (называть) «Шарлоттенградом».

1 град = город 2 *hier*: Stadtteil

3 **Добавь глагол в правильной форме.**

> **Вспомни:**
> идти →
> ходить ⇄

1. ИДТИ – ХОДИТЬ
   Каждый день я __________ в школу пешком.
   Сегодня после школы я __________ в кино.
2. ЛЕТЕТЬ – ЛЕТАТЬ
   В прошлом году мы __________ в отпуск на самолёте. Мы __________ пять часов.
3. ЕХАТЬ – ЕЗДИТЬ
   – Папа, куда ты сегодня __________?
   – Сегодня среда, а по средам я всегда __________ в Берлин.

4 **Прочитай короткую историю и напиши правильные пристáвки (Vorsilben) для глагола *ехать*.**

Как мы ехали на дачу

Когда я был у своего друга в России, мы ездили к нему на дачу. Мы ________ехали из дома рано утром. По дороге на вокзал мы сначала ________ехали за нашими друзьями, а потом все вместе ________ехали в магазин за подарком для бабушки. Когда мы ________ехали на вокзал, было уже двенадцать часов и мы сели на электричку. Сначала на электричке мы ________ехали через длинный мост, а потом долго ехали через красивый лес. На дачу мы ________ехали в обед, и бабушка друга сказала: «Пошли есть!»

5 **Подчеркни правильную форму глагола.**

На прошлой неделе мы (решили/решали) пойти в кино. Когда мы (перешли/переходили) площадь, мы увидели на площади музыкантов. Музыканты (сыграли/играли) очень красивую мелодию. Мы с интересом стали (сказать/говорить) о музыке. Мы так долго (сказали/говорили) с музыкантами, что не (заметили/замечали), как прошло время. К кинотеатру мы (пришли/приходили) поздно. Мы (опоздали/опаздывали) на фильм. Но тут мы (получили/получали) сообщение от друзей: «Приходите к нам в кафе!» Мы (решили/решали) пойти в кафе, где нас ждали друзья. Мы (провели/проводили) хороший вечер.

6 **Подготовь текст о практике для чата учеников. Напиши слова в правильной форме.**

В прошлом году мы проходили ________ (практика) на русском ________ (радио). Мы помогали ________ (журналисты), звонили по телефону и искали для ________ (интервью) ________ (артисты) и других известных ________ (люди) нашего ________ (город). У нас в гостях были известные ________ (певцы) из ________ (Германия) и ________ (актёры) из ________ (Россия). Мы работали в очень красивом ________ (бюро) на 15-м этаже современного ________ (здание). Бюро нашего ________ (радио) находилось на последнем ________ (этаж) этого ________ (здание). Я со своими ________ (друзья) любил смотреть из больших окон на ________ (город). Мы часто ходили в ________ (столовая), где обедали ________ (люди), которые тоже работают в этом большом ________ (здание). Моя ________ (практика) мне очень понравилась. Один раз я помогал брать ________ (интервью) у одной ________ (актриса), которая раньше снималась в ________ (фильмы) в России, а сейчас снимается в Германии. Она сказала, что не боится новых ________ (проекты). Главное в жизни – быть готовым к новому и интересному.

Что такое родина?

Занимаемся языком.

↗ S. 82

1 **Что подходит? Найди для каждого предложения подходящую картинку.** ► Nach SB S. 52/7

А

Б

В

Г

1. Играя в игру на смартфоне, я ничего другого не вижу и не слышу. ______
2. Поиграв в игру на смартфоне, я начала делать домашние задания. ______
3. Покупая билет в кино, я читал рецензию на этот фильм. ______
4. Купив билет в кино, я сразу пошёл гулять по городу. ______

2 **Напиши предложения по образцу.** ► Nach SB S. 52/8

M Слушая эту песню, я вспоминаю каникулы на море.
→ Когда я слушаю эту песню, я вспоминаю каникулы на море.
Поиграв в игру на смартфоне, я позвонила подруге.
→ Сначала я поиграла в игру на смартфоне, а потом я позвонила подруге.

1. Переезжая в другую страну, люди надеются на лучшую жизнь.

____

2. Переехав в другую страну, люди учат язык и ищут работу.

____

3. Играя на гитаре на школьном концерте, Олег волновался.

____

4. Сыграв на гитаре на школьном концерте, Олег рассказал о себе.

____

3 **Добавь правильное деепричáстие (Adverbialpartizip).** ► Nach SB S. 52/8

M Смотря фильм по телевизору, я пила лимонад.
Посмотрев фильм по телевизору, я делаю уроки. (Посмотрев/Смотря)

1. Осмотрев – Осматривая
   ______________ достопримечательности, мы делали много фото.
   ______________ достопримечательности города, мы пошли в отель.
2. Выйдя – Выходя
   ______________ из квартиры, я встретил своего друга.
   ______________ из квартиры, я говорил с мамой.
3. Рассказав – Рассказывая
   ______________ о своих каникулах, Коля улыбался.
   ______________ о своих каникулах, Коля спросил, был ли я на море.

Слова – наше богатство.

S. 70

4a **Прочитай статью о миграции и скажи, о какой стране идёт речь.** ▶ Nach SB S. 52/9a

О причинах миграции

Исследования показывают, что Германия часто становилась новой родиной для людей, которым нужна была работа. В конце XIX века в Германию во время индустриализации переселилось очень много рабóчих[1] из Польши. В 50-е и 60-е годы XX века в Германию приехали рабочие из Португалии, Испании, Италии и Турции. Многие из них потом вернулись к себе на родину, но большинство осталось жить в Германии.

С 1990 года в Германию переселилось много людей из СССР. Около 9 % всех мигрантов Германии составили переселенцы из России, а около 7 % – переселенцы из Казахстана. Сегодня по статистике, большинство мигрантов в Германии – это турки или арабы.

Но и немцы также часто переселяются в другие страны. Очень много немцев уехало из Германии в XIX веке. У каждого из них были свои причины , чтобы эмигрировать. Многие немцы хотели найти новую работу, искали лучшую жизнь, переселялись к своим родственникам, выходили замуж или женились. Около 4 миллионов немцев, недовольных уровнем жизни в Германии, эмигрировало тогда в Америку, многие уехали в Канаду, Австралию и другие страны. Сегодня по результатам опросов видно, что многие квалифицированные специалисты уезжают из Германии в основном в Швейцарию, США или Австрию.

1 Arbeiter, *ср.* работа

6 **Подчеркни в тексте ответы на вопросы.**

1. Из каких стран приехали мигранты в Германию?
2. По каким причинам уезжали немцы из Германии в XIX веке?
3. В какие страны часто переселяются немцы?

5 **Что подходит? Соедини выражéния (Wendungen).**

1. в опросе	указано
2. исследования	видно
3. из статистического материала	следует
4. по результатам опроса	показывают

S. 71

6 **Напиши по-другому. Замени подчёркнутые выражения на синонимичные. Используй следующие союзы.**

поэтому | потому что | чтобы

1. Анна переселилась в Канаду <u>из-за более высокого уровня жизни</u>.

____

____

2. Том нашёл новую работу и <u>по этой причине</u> переехал жить в Англию.

____

Помоги другим.

S. 71

7 **Представь, что ты хочешь участвовать в онлайн-дискуссии о том, почему молодые люди уезжают из своей страны. Ты нашёл/нашла эту статью. Прочитай её. Передай основные факты на русском языке.** ▶ Nach SB S. 53/9

Nach dem Abi ins Ausland

Viele deutsche Abiturienten/Abiturientinnen haben nach 12 oder 13 Jahren Schule oft nur ein Ziel – weg aus dem engen Zuhause und hinaus in die weite Welt. Manche arbeiten erst als Au-pair[1] oder in einem work and travel-Programm[2], immer mehr beginnen allerdings gleich ein komplettes Studium im Ausland. Dafür gibt es sehr viele Gründe: Während eines Auslandstudiums kann man seine Sprachkenntnisse verbessern und auch internationale Kontakte knüpfen. Aber auch die Sehnsucht[3] nach anderen Ländern und Kulturen spielt eine Rolle. So wollen viele etwas Neues entdecken und Erfahrungen für das Leben sammeln. Es gab noch nie so viele junge Deutsche, die im Rahmen des Erasmus-Programms[4] im Ausland studieren.

Laut Statistik der Bundesregierung hat sich die Zahl der deutschen Studierenden im Ausland mit 137 700 Studierenden im Jahr 2015 im Vergleich zum Jahr 2000 mehr als verdoppelt (57 000). Die beliebtesten Länder waren Österreich, die Niederlande und Großbritanien, also europäische Länder.

1 о-пэр
2 программа для работы и обучения иностранному языку
3 *hier:* желание (уехать в другую страну)
4 программа для студентов для учёбы за границей

Учимся писать.

S. 71

8 **Прочитай последний абзац текста упр. 7 ещё раз. Напиши, о чём он. Используй слова из упр. 5 на стр. 32.** ▶ Nach SB S. 53/9

9 **На этой онлайн-конференции ты хочешь рассказать о себе. Напиши свои ответы на эти вопросы.** ▶ Nach SB S. 53/11

– Хотел/а бы ты уехать учиться в другую страну? Если да, то в какую? Если нет, то почему?

– Нужно ли знать для этого иностранный язык хорошо?

– Какие языки можно изучать в твоей школе/гимназии?

Занимаемся языком.

1 **Дополни текст фамилией известного русского писателя Михаила Булгакова в правильной форме.** ▶ Nach SB S. 55/4

Длинная дорога Михаила Булгакова к читателю

Shutterstock/versh

Михаил Булгаков, г. Киев

Михаил ______ написал один из самых известных романов русской литературы XX века, роман *Мастер и Маргарита*. Писать этот роман Михаил ______ начал ещё в конце 1920-х годов, а написал до конца только через 10–12 лет. И только в 1966 году его опубликовали. Большинство людей прочитали этот роман Михаила ______ только в 90-х годах XX века.

Сейчас в России этот роман считается ку́льтовым[1]. А музей Михаила ______ – его квартира в Москве – один из самых известных музеев Москвы.

Михаил ______ родился и учился в Киеве, поэтому в Киеве тоже есть музей, посвящённый Михаилу ______. О Михаиле ______ написано много книг и статей, снято много фильмов о его жизни, а также снят фильм по его роману *Мастер и Маргарита*.

1 Kult(roman)

↗ S. 78 **2** **Ответь на вопросы. Чтобы написать фамилии в правильном падеже́ (Kasus), обрати внимание на вопросительные слова.** ▶ Nach SB S. 56/5

1. Кто сидит рядом с Петровой?

______

2. За кем сидит Осокин?

______

3. Кого сегодня нет в классе?

______

4. О ком думает Осокин?

______

5. Кому передаёт Сидоров книгу?

______

6. С кем сидит Сорокина?

______

Слова – наше богатство.

3 а **Что означают эти слова? Соедини части, которые подходят.** ▶ Nach SB S. 56/6

1. мотивация	е) очень хорошо/ отлично
2. интеграция/интегрироваться	а) желание что-то изучать или делать
3. билингвальный/-ая	г) познакомиться/подружиться с кем-то
4. установить/устанавливать контакт/ы	д) контакт между людьми
5. общение	б) не чувствовать себя чужим/чужой
6. в совершенстве	в) говорить на двух языках как на родных

б **Вставь в предложения слова и группы слов из упр. 3а.**

1. Изучать иностранные языки важно, потому что они помогают быстрее ____________________ в новой стране.
2. Иметь ____________________ – значит с интересом узнавать что-то новое, учиться делать что-то новое или быстро изучать язык.
3. Знание иностранного языка ____________________ помогает найти хорошую работу, переехать в любимую страну, зарабатывать больше денег, быстрее ____________________ в новую жизнь.
4. Те дети, которые растут в ____________________ семьях, знают с рождения два языка в совершенстве.
5. Знание иностранных языков способствует ____________________ с людьми из других стран и помогает ____________________ с новыми и интересными людьми.

4 **В интернете проходит опрос *Для чего нужно знать иностранные языки?* Прочитай аргументы и напиши свои.** ▶ Nach SB S. 56/6б

www.in-yaz.example.com

ROMA

Знать языки нужно, чтобы путешествовать по разным странам!

СПЛИН

Знание языков помогает быстрее интегрироваться после переезда в новую страну.

las.2

Иностранные языки очень важно изучать, чтобы легко устанавливать контакты и находить новых друзей в других странах.

____

____

____

____

____

____

Давайте послушаем.

9 **5 а** **Послушай, что рассказывают Мария и Саша. Зачем они учат иностранные языки? Дополни ассоциограмму.** ▶ Nach SB S. 56/6

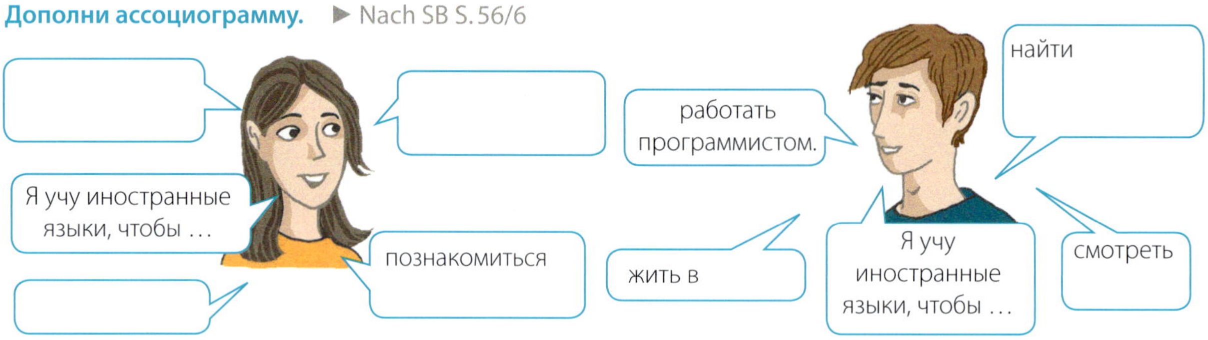

S. 71 **б** **Что ты узнал/а о Марии? Напиши, какая у неё мотивация учить новый язык, в какой семье она выросла и о чём она мечтает.**

в **Почему Саша говорит, что он хочет выучить несколько языков в совершенстве? В какой стране он хотел бы жить и работать? Напиши.**

Учимся писать.

S. 72 **6** **В интернете идёт дискуссия:** ***Один иностранный язык или несколько?*** **Прочитай аргументы за и против и напиши своё мнение. Напиши 3-4 предложения.** ▶ Nach SB S. 57/8

Один иностранный язык или несколько?	
👍	Я считаю, что у того, кто знает несколько языков, больше шансов в жизни: можно посетить больше стран, найти больше друзей. Знание языков помогает лучше учиться в школе и понимать разные культуры. Жизнь становится просто интереснее!
👎	Я думаю, чтобы выучить язык, нужно много времени. Английский понимают почти во всех странах мира, поэтому учить другие языки не обязательно. Лучше провести время, изучая, например, другой предмет или занимаясь спортом.

Две культуры – двойное богатство

Занимаемся языком.

1 **Выбери и напиши правильную форму глагола.** ▶ Nach SB S. 60/5

ездить – ехать

плыть – плавать

бежать – бегать

лететь – летать

Летом мы обычно ______________ на Балтийское море.

Но в октябре мы ______________ в Чéхию.

Саша любит ______________ в озере.

Сейчас Саша ______________ до берега.

Витя утром всегда ______________ 2 километра.

– Куда ты ______________?

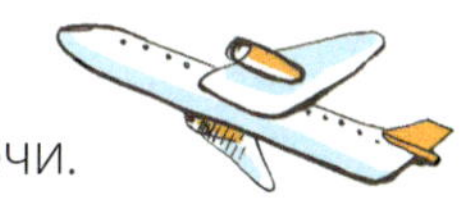

Этим летом мы ______________ в Сочи.

Папа Нины сегодня вечером ______________ в Екатеринбург.

2 **Прочитай предложения и подумай, как можно сказать по-другому.**
Подчеркни правильные глаголы движения с приставками. ▶ Nach SB S. 60/7

M Обычно Вадим был дома уже в два часа.
→ Обычно Вадим *уходил/приходил/доходил* домой уже в два часа.

1. Когда Витя будет здесь? → Когда Витя *приходит/придёт/переходит* сюда?
2. Наташа дома уже три часа. → Наташа *ушла/дошла/пришла* домой три часа назад.
3. Олега нет дома. Он на стадионе. → Олег *дошёл/пришёл/ушёл* на стадион.
4. Сегодня ночной поезд из Казани будет в Москве только утром.
   → Сегодня ночной поезд из Казани *проходит/приедет/объедет* в Москву только утром.
5. Мой папа каждый день долго работает. Он дома всегда только в 9 часов вечера.
   → Мой папа *приходит/придёт/проходит* домой в 9 часов вечера.

3 **Подчеркни деепричастия. Потом напиши предложения по-немецки.** ▶ Nach SB S. 61/9

1. *Учим язык, играя* – тема школьного обмена между школами Берлина и Москвы.

____

____

2. Прочитав эту тему, многие ученики удивились.

____

3. Заметив, как ученики реагировали, учительница объяснила свою идею.

____

4. Вместе гуляя по улицам, можно увидеть много интересного.

____

5. Сделав много фоток, можно придумать с ними языковые игры.

____

6. Так, играя, ученики учат новые слова и знакомятся с городом партнёра.

____

Давайте почитаем.

S.72

4 а **Прочитай текст и скажи, о каком городе идёт речь.** ▶ Nach SB S.61/11

В Веймаре туристы обычно посещают те места, которые рассказывают о классической литературе. Многие знакомятся с домами, в которых жили Гёте и Шиллер, и узнают в музеях интересные факты об их литературных произведениях.

Но некоторые туристы гуляют не только в центре города, но и посещают интересную достопримечательность, которая находится на историческом кла́дбище[1] города Веймара. Эта достопримечательность – правосла́вная[2] церковь Марии Магдалены, которая может быть интересна особенно туристам из России.

Многие думают, что эта церковь была построена как символ религиозной толерантности города Веймара. Но это не совсем так.

В XIX веке веймарский герцог Карл Фридрих женился на дочери русского царя Павла Первого. Мария Павловна стала принцессой Саксен-Веймара. Она жила в Тюри́нгии 55 лет, но всегда оставалась в контакте с Россией.

Когда Мария Павловна приехала жить в Веймар, герцог построил для неё маленькую домовую церковь.

Жители Веймара очень любили принцессу Марию, потому что она открывала библиотеки и детские сады, помогала бедным людям. Жителям Веймара также нравилось, как она к ним относилась.

Мария Павловна умерла в 1859 году. Через год после этого её сын построил для неё сегодняшнюю церковь. Для этого по русской традиции в Веймар привезли землю из России.

Церковь Марии Магдалены открыта и сегодня. Слу́жбы[3] проходят здесь каждую неделю. А на религиозный праздник Пасху сюда приезжают переселенцы и русскоговорящие жители из всей Тюри́нгии, чтобы вместе участвовать в праздничной пасхальной службе. Если вы хотите больше узнать об этой церкви и о богатых традициях русской православной церкви за границей, вы можете заказать экскурсии по интернету.

picture alliance / ZB

Русская ортодоксальная церковь Святой Марии, г. Веймар

1 Friedhof 2 orthodoxe 3 Messe

б **Ответь на вопросы к тексту.**

1. Какие места туристы обычно посещают в Веймаре?

2. Какую интересную достопримечательность можно посмотреть не в центре города?

3. Почему и в честь кого была построена эта церковь?

4. Чем занималась Мария Павловна?

5. Как жители Веймара относились к Марии Павловне?

6. Какую роль эта церковь играет сегодня?

Давайте послушаем.

10 **5 а** **Послушай рассказ Кати о её билингвальной семье и о том, как в её семье отмечают разные праздники. Выбери фотографии, на которых изображены Катя, её папа и её мама.** ▶ Nach SB S. 61/10

Shutterstock / Rido

☐ Я живу в Новосибирске.

stock.adobe.com/Aaron Amat

☐ Я родился в России.

Shutterstock/pixelheadphoto digitalskillet

☐ Я родилась в Германии, но живу в России.

stock.adobe.com/elnariz

☐ Я родилась и живу в Германии.

stock.adobe.com/StockPhotoPro

☐ Я родилась в Германии.

Shutterstock/Antonio Guillem

☐ Я переехала из России в Германию.

б **Послушай текст ещё раз. Выбери картинки, которые подходят к тексту.**

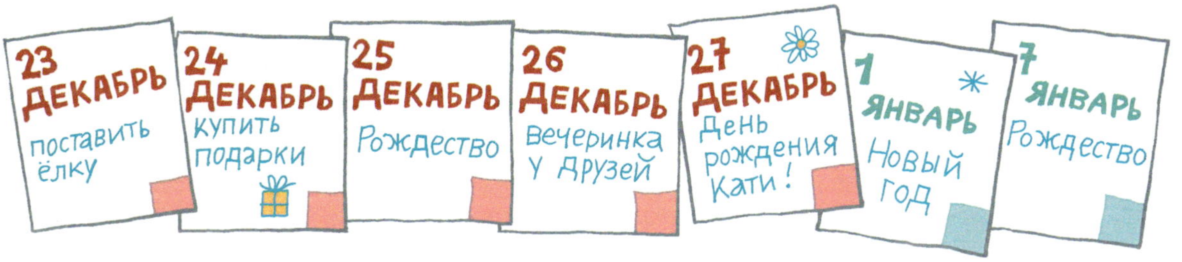

в **О каких ещё двух праздниках говорится в тексте? Отметь, что правильно.**

Подруга Кати очень любит отмечать Китайский Новый год.	
Самый важный религиозный праздник в России – Пасха.	
На Пасху Катя любит крашеные яйца.	
Крашеные яйца есть только в Германии.	

Помоги другим.

↗ S. 73

б **Ты собираешь информацию о своих возможностях после окончания школы. Прочитай объявление об обмене и напиши о нём своему русскому другу/ своей русской подруге.** ▶ Nach SB S. 61/12

Möchtest du nach dem Schulabschluss im Rahmen des Programms

Erasmus+

- + ein Jahr als Freiwillige/r in Deutschland verbringen?
- + im Europäischen Informationszentrum in Berlin arbeiten?
- + mithelfen, Infomaterial über Europa zu erstellen?
- + junge Berlinerinnen und Berliner kennenlernen?
- + viel Interessantes über Europa lernen?
- + deine Deutschkenntnisse in einem kostenlosen Deutschkurs erweitern?

Wir bieten dir Hilfe bei der Zimmersuche und einen monatlichen Betrag von 500 Euro.

Проверь себя.

Занимаемся языком.

1 a **Выбери правильную форму деепричастия.**

Школьная поездка в Берлин

Shutterstock/franz12

Летом мы всем классом ездили в Берлин.
(*Приехав*/*Приезжая*) в город, мы вышли на Главном вокзале. Потом мы поехали по городу на экскурсионном автобусе.
Мы проехали почти весь город и увидели много интересного. Потом мы долго ходили пешком.
(*Погуляв*/*Гуляя*) по городу, мы поняли, какой большой и интересный город Берлин. Ещё нас очень удивило, что в Берлине можно услышать много иностранных языков: мы часто слышали русский язык, английский, турецкий, польский и другие языки.
Многие люди, (*переехав*/*переезжая*) жить в Германию, продолжают говорить на своём родном языке.
Многие дети в Берлине ходят в билингвальные школы. (*Послушав*/*Слушая*) русский язык на улицах города, я многое понимала.
Днём мы покупали еду на улицах города, а вечером мы пошли в ресторан. (*Посетив*/*Посещая*) ресторан, мы пошли в отель. Мне понравилась наша поездка в Берлин.
В Берлине сегодня живут люди разных культур, (*обогатив*/*обогащая*) друг друга.
(*Пообщавшись*/*Общаясь*) друг с другом и (*рассказав*/*рассказывая*) о себе, люди больше узнают о других культурах нашего большого мира.

б **Подчеркни в тексте все глаголы движения, без приставок и с приставками.**

Слова – наше богатство.

2 **Прочитай ответы интервью для школьного радио. Напиши вопросы, на которые ответила Яна.**

Журналист: ______________________________

Яна: В школе я изучаю три языка.

Журналист: ______________________________

Яна: Это немецкий, французкий и русский языки.

Журналист: ______________________________

Яна: В совершенстве я знаю немецкий и французский.

Журналист: ______________________________

Яна: Да, я родилась в билингвальной семье.

Журналист: ______________________________

Яна: Недавно я решила выучить итальянский язык.

Журналист: ______________________________

Яна: Изучать иностранные языки мне помогают разные приложения в моём смартфоне.

Журналист: ______________________________

Яна: Когда я закончу школу, я сначала хочу много путешествовать, а потом учиться в другой стране.

3 **В чате Нина рассказывает о том, где её одноклассники летом отдыхали. Прочитай текст и заполни внизу легенду для диаграммы.**

Около половины моих одноклассников отдыхали летом в разных регионах России. Только 10 процентов не уехали из нашего маленького города и остались отдыхать дома. Примерно 20 процентов поехали в Турцию и отдыхали там у моря. Русские очень любят остров Майорку, поэтому более 13 процентов рассказывали о том, как хорошо они там отдохнули. Меньше 7 процентов летали в Египет[1].

1 Ägypten

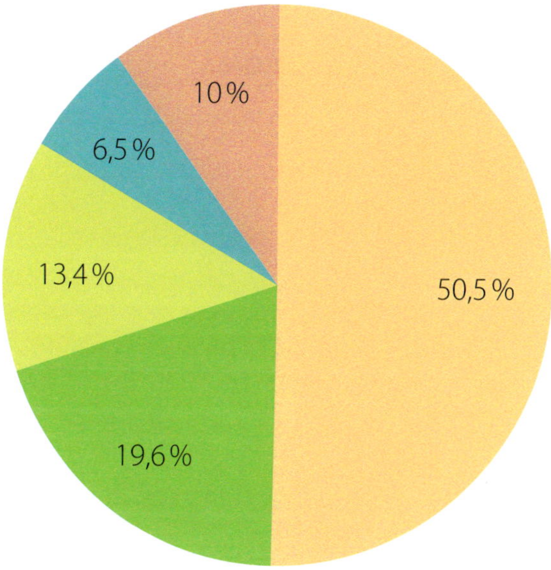

Учимся писать.

4 **Напиши о себе. Ответь на вопросы упр. 2 на стр. 40.**

Das kann ich schon.

Schätze mit den Smileys ein, wie du diese Aufgaben schon beherrschst.

Ich kann	☺☺	☺	😐	☹
– über Gründe für Migration sprechen.				
– eine Statistik auswerten.				
– über den Nutzen von Fremdsprachen diskutieren.				
– meine Meinung schriftlich äußern.				
– über das Zusammenleben verschiedener Kulturen sprechen.				
– über Spuren der russischen Kultur in Deutschland berichten.				

4 Повторение.

Занимаемся языком.

1 **Напиши даты с правильными окончáниями (Endungen).**

М Екатерина Великая родилась 2-го мая 1729-го года (02.05.1729 г.).

1. Город Москва был основан в ________________ (1147 г.).
2. Юрий Долгору́кий пригласил своего друга Святосла́ва Но́вгород-Се́верского в Москву ____________________________ (04.04.1147 г.).
3. С ______________________________ (1838–1849 гг.) был построен Большой Кремлёвский дворец.
4. В _________________________ (декабрь 1893 г.) в Москве открыли магазин ГУМ.

ГУМ, Москва

Shutterstock/Arthur Lookyanov

2 **Добавь слова в правильной форме.**

1. Москва была основана _______________________ (Юрий Долгорукий).
2. Эти дворцы были построены _______________________________ (итальянский архитектор).
3. Роман был написан _________________________ (известный писатель).
4. Фильм был показан ____________________________ (российский режиссёр).

3 **Добавь правильную форму глагола.**

М основать — Санкт-Петербург … в 1703 году.
→ Санкт-Петербург был основан в 1703 году.

построить — Это старое здание _________________________ в VIII веке.

провести — В нашей деревне _______________________ опрос.

показать — На фестивле ________________________ разные исторические фильмы.

открыть — В марте ______________________ Лейпцигская книжная выставка.

4 **Составь предложения по образцу.**

М Известный архитектор построил здание нового музея.
→ Здание нового музея было построено известным архитектором.

1. Михаил Горбачёв написал в 1987 году книгу о перестройке.

____

2. М. Горбачёв рассказал в этой книге о своих новых политических идеях.

____

3. Люди многих стран мира прочитали эту книгу.

____

4. Жители СССР задавали много вопросов после опубликования этой книги.

____

Давайте послушаем.

11 **5** **Послушай рассказ гида и подчеркни правильные факты.**

1. Иркутск был основан в …	в 1651 году.	в 1666 году.	в 1671 году.
2. Иркутск получил право называться городом …	в 1668 году.	в 1680 году.	в 1686 году.
3. Первая дорога из Москвы в Иркутск была построена …	к 1760 году.	к 1770 году.	к 1780 году.
4. … была построена Транссибирская магистраль.	С 1781 по 1926 год	С 1891 по 1906 год	С 1891 по 1916 год
5. … в Иркутске жили семьи известных декабристов – Трубецки́х и Волко́нских.	В XVII веке	В XVIII веке	В XIX веке
6. … городом-партнёром Иркутска стал немецкий город Пфорцхейм.	В 1989 году	В 1999 году	В 2009 году

Слова – наше богатство.

6 a **Найди в кроссворде 10 слов по теме *Политика и государство*.**

г	о	с	у	д	а	р	с	т	в	о
р	е	ф	о	р	м	ы	т	к	у	у
а	т	е	р	р	и	т	о	р	и	я
н	о	р	о	д	с	у	л	й	м	о
и	с	т	о	р	и	я	и	к	и	л
ц	а	р	ь	й	п	о	ц	т	р	е
а	у	с	т	р	а	н	а	р	о	д

6 **Дополни предложения словами из кроссворда в правильной форме.**

1. Москва – ________________ России.
2. Урал – ________________ между Европой и Азией.
3. У России очень большая ________________ и богатая ________________.
4. В XVIII веке __________ Пётр Первый провёл в России ________________.
5. Пётр Первый посетил разные ________________ Европы и ____________ всего __________.
6. Русский ____________ сначала не был согласен с новыми реформами Петра I.

7 **Образуй прилагательные. Используй суффиксы *-н-*, *-ск-*, *-ическ-* и подчеркни их.**

M история → исторический

1. Англия → ________________		6. запад → ________________
2. Украина → ________________		7. север → ________________
3. Польша → ________________		8. юг → ________________
4. автомат → ________________		9. восток → ________________
5. турист → ________________		10. вода → ________________

4A С чего начиналась Россия?

Слова – наше богатство.

1 **Найди к подчёркнутым словам глаголы.** ▶ Nach SB S. 71/4

M Объединение Руси началось в XIII веке. → объединить

1. Нападение татаро-монгол на Киевскую Русь было в начале XIII века. → ______
2. Разрушение Киева было в 1240 году. → ______
3. В XVII веке происходило образование разных княжеств. → ______
4. Русские князья были за увеличение своей власти. → ______

Занимаемся языком.

2 **Измени предложения по образцу.** ▶ Nach SB S. 72/6

M Учитель организует конкурс по истории.
→ Конкурс по истории организуется учителем.

1. Молодой историк пишет книгу о русской истории.

______

2. Директор музея открывает новую выставку.

______

3. Известный российский режиссёр рассказывает в книге об исторических событиях.

______

4. Ученики 10-го класса показывают игру по истории города.

______

3 **Дополни текст. Напиши слова в правильной форме.**
▶ Nach SB S. 72/7

Картина *Иван Васильевич Грозный* ______ (написать) ______ ______ (художник Виктор Васнецо́в). Этот портрет царя Ивана Грозного ______ (нарисовать) в 1897 году. Иван Грозный ______ (находиться) на картине справа. Он ______ (смотреть) на нас. Самое главное в картине – это лицо Ивана Грозного. Сильный характер ______ (передать) художником через взгляд царя. Картина ______(изобразить) тёмными красками.

Виктор Васнецо́в, *Иван Васильевич Грозный*, 1897 г.

Помоги другим.

S. 83

4 **Подготовьте маленькую выставку о русской истории. Немецкие тексты к картинам у вас уже есть. Сначала подчеркните ключевые слова. Потом напишите основное содержание на русском языке.**

► Nach SB S. 73/8

Im Jahre 882 eroberte Ruriks Vewandter Oleg Kiew und verlegte die Hauptstadt dorthin. Im Jahre 1240 wurde Kiew, die Hauptstadt der Kiewer Rus, von den Mongolen zerstört.

Shutterstock/megastocker

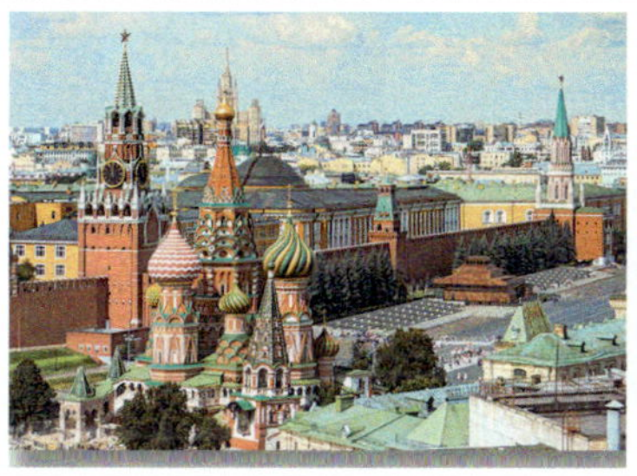
Shutterstock/Mikhail Leonov

Ende des 15. Jahrhunderts, während der Herrschaft des Zaren Iwan III., entstand in Moskau der Kreml in der Weise, wie wir ihn auch heute kennen – mit roten Mauern.

Zar Peter der Große hielt sich lange Zeit in Westeuropa auf und fand Gefallen an der dortigen Lebensweise. Nach seinen Reisen führte er in Russland Reformen ein, um das symbolische Fenster nach Europa zu öffnen.

stock.adobe.com/myskina6

Shutterstock/FOTOGRIN

Katharina die Große war eine beliebte Kaiserin[1] und hat viel für Russland getan. In ihrer Regierungszeit wurden 144 Städte gebaut, die Zahl der staatlichen Schulen stieg von sechs im Jahr 1781 auf 316 im Jahr 1796. Sie vergrößerte auch die Grenzen Russlands und machte es zum größten europäischen Land.

1 императри́ца

Nikolai der II. regierte vom 1. November 1894 bis zu seiner Abdankung am 15. März 1917. Er war der letzte russische Zar. Nach seiner Abdankung ging die Zeit der Zarenherrschaft und der russischen Monarchie zu Ende.

INTERFOTO

Давайте почитаем.

S. 73

5 **Прочитай текст и ответь на вопросы.** ▶ Nach SB S. 73/9

Виги́лиус Э́риксен, *Портрет графа Алексея Григорьевича Орло́ва*, 1766 г.

Граф Орло́в. Так называется российский мюзикл, который был показан в Московском театре Оперетты. Мюзикл стал очень популярным. За время 500 представлений миллионам людей понравилось содержание мюзикла и то, как играли известные актёры. Мюзикл основан на реальных событиях и рассказывает о реальных личностях. Действие мюзикла происходит во второй половине XVIII века, во времена правления Екатерины II. Историческое значение царицы Екатерины II известно многим, но кто же такой граф Орло́в? Какое место занимает он в русской истории? И почему мюзикл назван его именем?

Когда бывшая немецкая принцесса София Августа в XVIII веке вышла замуж за будущего царя Петра III, всей России были известны имена братьев Орло́вых – Григория и Алексея. Они были красивыми, сильными мужчинами и служили офицерами в армии царя. В то время было уже известно, что немецкая принцесса сама хочет стать русской императрицей. Но не все русские были согласны с этим. Стать императрицей ей помогли братья Орло́вы. Братья были лучшими друзьями и помощниками Екатерины, а с Григорием Орло́вым у императрицы были ещё и любовные отношения.

В это время в Италии жила красивая русская княжна́[1] Елизавета Тарака́нова, которая всем рассказывала, что является внучкой царя Петра Первого и что она будет следующей русской императрицей. Поэтому граф Алексей Орло́в получил от Екатерины задание найти Елизавету и привезти её в Россию. Сначала Алексей начинает с Елизаветой любовные отношения, чтобы узнать о её планах и помочь Екатерине II. Но потом он влюбляетсяся в Елизавету Тарака́нову. С этого момента и начанаются настоящие проблемы. Об этой трагической любви и рассказывает популярный мюзикл.

1 дочь князя, которая не замужем

1. Сколько раз был показан мюзикл *Граф Орлов* в Москве?

2. О каком историческом времени рассказывает мюзикл?

3. Кем были братья Орловы и как они выглядели?

4. Какие отошения были у Екатерины Великой с братьями Орловыми?

5. Почему Алексей Орлов должен был найти Елизавету Тараканову?

6. Как ты думаешь, о каких проблемах рассказывает мюзикл и из-за чего они начились?

Будьте готовы – всегда готовы!

Слова – наше богатство.

1 **Проверь, что ты уже знаешь о Советском Союзе. Найди вторую часть предложения.**
► Nach SB S. 75/3

1. СССР – это …	Союз Свободных Современных Республик.
	Союз Советских Социалистических Республик.
2. По конституции СССР вся власть принадлежала …	Коммунистической партии.
	народу.
3. Люди первого советского поколения были против …	неравенства.
	свободы.
4. СССР был государством …	партии и рабочих.
	рабочих и крестьян.
5. В состав СССР входили …	15 республик.
	17 республик.
6. СССР существовал …	почти семьдесят лет.
	почти пятьдесят лет.
7. В СССР была …	многопартийная система и свободные выборы.
	однопартийная система и символические выборы.
8. При Сталине из-за политических репрессий погибло и пострадало …	несколько тысяч человек.
	несколько миллионов человек.

2а **Найди и напиши русские эквиваленты.** ► Nach SB S. 75/3

1. in erster Linie
2. zumindest
3. leider
4. tatsächlich
5. das bedeutet
6. unterschiedlich
7. das ist richtig
8. mir scheint

б **Прочитай мнение дедушки Димы о советском времени.**
Дополни правильные выражения из упр. 2а.

1. ______________________, сегодня можно много узнать о советском времени. У каждого есть доступ к разным источникам информации.
2. Но, ______________________________________, большинство людей помнит только то, что было хорошо в советское время.
3. ______________________ в истории СССР были разные периоды и люди жили по-разному.
4. ______________________________________, что ностальгия по советскому времени сейчас очень популярна.

Давайте послушаем.

3 **Найдите в интернете песню и текст песни *Летние каникулы* из фильма *Частное пионерское* 2. Ответьте на вопросы.** ▶ Nach SB S. 76/8

1. На какую тему эта песня?

2. Как ты думаешь, кого автор/певец называет «ты»?

3. Почему ему нравятся летние каникулы?

4. Какие у него планы? Что он хочет делать до сентября?

Помоги другим.

4 **Прочитай информацию о фильме *Частное пионерское* 3. Подчеркни ключевые слова. Напиши основное содержание на немецком языке.** ▶ Nach SB S. 76/8

В 2017 году была снята последняя часть трилогии фильмов о друзьях-пионерах, которые так любят проводить свои любимые летние каникулы в пионерском лагере. Наши герои теперь окончили школу. У них, так же как и у многих выпускников, есть цель – поехать в Москву и поступить в университет. Так летом 1981 года Мишка поступает в Московский государственный университет, а Димка – в Автомобильно-дорожный институт.

Мишка вспоминает в столице про Лену Карасёву – свою подругу из летнего пионерского лагеря. Он до сих пор в неё влюблён, и очень хочет найти Лену в Москве. Так друзья знакомятся с огромной столицей, с широкими проспектами, с многоэтажными домами, с разными жителями Москвы и с Эдиком. Эдик – сын международного журналиста, который приглашает Димку и Мишку на вечеринку на дачу недалеко от столицы. Мишка и Димка узнают, что здесь, на даче, находится и Лена, а Эдик – её друг. Им быстро становится понятным, что у Эдика плохие планы, и теперь главное для друзей – защитить Лену от Эдика.

Занимаемся языком.

5 **Добавь числительные в правильной форме.** ▶ Nach SB S. 76/11

Вчера я долго говорила с ___________ (2) мальчиками из Москвы. Эти _________ (2) ученика приехали в наш маленький город, чтобы учиться. Даже в нашей газете писали об этих _________ (2) учениках. Родители этих _________ (2) учеников раньше тоже жили и учились за границей _________ (1) год. Бюро молодёжного обмена в Москве помогло этим _________ (2) ученикам, найти семью, в которой они могли бы жить.

Эти два мальчика рассказывали мне о _________ (5) уроках для подготовки обмена в Москве. У них с _____________ (9) до ____________________ (11) часов были уроки немецкого языка. После _________ (2) часов они занимались историей Германии.

Давайте почитаем.

S. 74

6 **Прочитай текст о фильме *Время первых*. Ответь на вопросы.** ▶ Nach SB S. 77/13

В кинотеатрах России 6-го апреля 2017 года показали фильм *Время первых*. Этот фильм рассказывает о первом выходе человека в открытый космос.
Главный герой этого фильма, Алексей Лео́нов, – первый русский космонавт, который впервые в 1965 году вышел на несколько минут из косми́ческого корабля́[1] в открытый космос. Этот эксперимент был нелёгким и мог бы закончиться трагично. Также не прошло по плану и приземле́ние[2] Лео́нова и второго космонавта Павла Беля́ева. Они приземлились где-то в сибирском лесу и должны были жить там два дня.
Фильм *Время первых* рассказывает не только о трудной работе космонавтов, но и показывает, как трудно их родственникам, которые ждут их дома.
Роль космонавта Лео́нова сыграл известный актёр Евгений Миро́нов. Фильм является исторической приключенческой драмой.
Сам Лео́нов помогал режиссёру Дмитрию Киселёву в процессе создания фильма и выбирал картины открытого космоса.
Фильм получил хорошие оценки. Особенно отмечались голливудские спецэффекты.

1 Raumschiff   2 Landung

Sovfoto/UIG

Алексей Лео́нов, космический корабль *Восхо́д 2*, 1965 г.

1. О чём идёт речь в фильме *Время первых*?

2. Когда был показан этот фильм в России первый раз?

3. Кто играет роль Леонова?

4. Какой это фильм по жанру?

5. Что зрителям понравилось в фильме?

Учимся писать.

S. 78

7 **Выбери фильм, который ты недавно посмотрел/а и напиши имейл, в котором ты советуешь своему другу/ своей подруге из России посмотреть этот фильм.** ▶ Nach SB S. 77/14 Methode S. 164

На пути к демократии?

Занимаемся языком.

1 **Напиши предложения по образцу.** ▶ Nach SB S. 79/4

M Книги, читаемые в детстве, часто нравятся нам всю жизнь.
→ Книги, которые мы читаем в детстве, часто нравятся нам всю жизнь.

1. Задания, делаемые учениками, помогают им понять тему урока.

2. Правило, объясняемое учителем, не написано в учебнике.

3. Праздники, празднуемые нами вместе с друзьями, всегда веселее и интереснее.

4. Кинотеатры, посещаемые молодыми людьми, часто показывают блокбастеры.

5. Здания, видимые нами из окна, построили в этом году.

2 **Составь и запиши предложения.** ▶ Nach SB S. 79/4

Футболка,	проводимые правительством,	очень модная и красивая.
О выставке,	покупаемая мальчиком,	не всегда нравятся населению.
Реформы,	проводимой в музее,	часто намного дешевле.
Одежда,	скачиваемые в интернете,	всегда актуальны.
Видео,	покупаемая на распродаже,	популярны у молодёжи.
Новости,	читаемые в интернете,	пишут многие городские СМИ.

Слова – наше богатство.

S. 79

3 а **Прочитай текст и подбери к нему название.** ▶ Nach SB S. 79/3

История СССР **Рыночная экономика** **Время перемен**

stock.adobe.com/Nikitriy89

После распада СССР Россия стала самостоятельным и независимым государством. Другие бывшие союзные республики получили суверенитет и также стали независимыми государствами.

В России начались большие <u>перемены</u>. Это были 90-е годы и в эти годы многое менялось, менялось не только в лучшую, но и в худшую сторону. Одно из положительных <u>достижений</u> было всероссийское <u>голосование</u>, которое было проведено 12 декабря 1993 года. Этим всенародным голосованием была принята новая Конституция. Также в 90-е годы были проведены экономические реформы и Россия перешла к рыночной экономике. Но не всё изменялось в положительную сторону. Были перемены, которые привели людей к более трудной жизни. Так, например, произошло резкое <u>снижение</u> <u>зарплат</u> и <u>пенсий</u>. Зарплаты и пенсии часто долго не платúли[1] и у людей появился страх за будущее. Из-за экономического кризиса произошло падение уровня жизни. Казалось, никто не знал, что произойдёт завтра.

1 zahlen

б **Посмотри на подчёркнутые слова в тексте упр. 3а. Вставь подходящее по смыслу слово.**

______________ – это когда что-то становится хуже или чего-то становится меньше.

______________ – это деньги, которые получает человек за месяц работы.

______________ – это когда старое изменяется или начинается что-то новое.

______________ – это когда люди выражают своё мнение ЗА или ПРОТИВ чего-то.

______________ – это деньги, которые получают люди, которые больше не работают.

______________ – это положительный результат долгой работы.

в **Составь в тетради ассоциограмму на тему *Россия в 90-е годы*.**

Россия в 90-е годы — снижение зарплат

Учимся писать.

4 а **Сделайте заметки по тексту упр. 3а. Ответьте на вопросы.** ▶ Nach SB S. 79/3

- Когда в России было время больших перемен?
- Какие были в 90-е годы достижения в России?
- Почему людям в России в 90-е годы было трудно?

____

____

____

____

6 **Напишите по вашим заметкам основное содержание текста, 3–4 предложения. Вы можете использовать и следующие выражения.**

главное достижение — снижение зарплат и пенсий — новая конституция — падение уровня жизни — страх за будущее — распад СССР — провести всероссийское голосование

5a **Обсудите с партнёром/партнёршей карикатуру и сделайте к ней заметки.** ▶ Nach SB S. 81/10

Тема карикатуры – ______

На траспаранте[1] написан лозунг[2] – ______

Одна часть людей ______

Другая часть людей ______

А третья часть ______

Одна часть людей мечтает о ______

Другая часть людей ______

1 Transparent, Spruchband 2 Slogan

↗ S. 79

6 **Опиши карикатуру письменно в тетради. Напиши, что ты на ней видишь и что хотел выразить автор карикатуры. Ты можешь использовать эти выражения.**

– одна/другая/вторая часть людей/населения
– быть готовым к реформам/переменам/изменениям
– (не) готовы изменить/изменять (свою) жизнь
– (не) хотеть выбрать/выбирать новый/другой путь
– перемены в политике/жизни
– страх перемен
– иметь разные желания/ по-разному представлять себе будущее

Проверь себя.

Учимся писать.

1 а Прочитай программу кинофестиваля. Напиши тему каждого фильма.

Неделя Классики русской и советской кинематографии!
Здесь вы увидите незабываемые фильмы на разные темы.

время	тема	название	описание
14:00	______	*«Generation П»*	В фильме по роману Виктора Пеле́вина показаны жизнь молодёжи и развитие культуры в условиях рыночной экономики. Речь идёт о роли рекламы и о том, как она влияет на нашу жизнь.
16:00	______	*Ирония судьбы или с лёгким паром*	Фильм Эльда́ра Ряза́нова 1975 года до сих пор является самым любимым фильмом многих россиян. Если в Западной Европе многие смотрят скетч *Dinner for one*, то в России 31-го декабря всё население страны смотрит комедию о Наде и Жене, которые случайно встретились и влюбились друг в друга.
19:30	______	*Летят журавли*	Эта печальная драма рассказывает о любви Бориса и Верони́ки во время Великой Отечественной войны. Фильм был снят в 1957 году и является чёрно-белой классикой советского кино. Только после окончания войны Верони́ка понимает, что Бори́с погиб и никогда не вернётся.
21:00	______	*Москва слезам не верит*	Фильм, который был снят в 1980 году, рассказывает о жизни трёх очень разных девушек. После окончания школы они приехали в Москву, чтобы найти своё счастье. Они знакомятся с городом и встречают разных мужчин. У них очень разная жизнь. В 1981 году фильм получил кинопремию Оскар как лучший иностранный фильм.

б Выбери один фильм, который ты хотел/а бы посмотреть и напиши, почему этот фильм тебя больше всего интересует.

______

Проверь себя.

Давайте послушаем.

12 **2** Послушай диалог Мити с дедушкой. Найди правильные высказывания.

	да	нет
1. Дедушка очень любит весёлые фильмы.		
2. Любимый фильм дедушки – Анна Каренина.		
3. Фильм рассказывает о том, как друзья 31-го декабря встречаются в бане.		
4. Все новые дома и районы в советское время были построены по одному плану.		
5. Женя хочет полететь на праздник в Санкт-Петербург.		
6. Женя не знает, что он не в Москве.		
7. Женя спит в квартире Нади, которая похожа на его квартиру в Москве.		
8. В конце фильма Женя и Надя влюбились друг в друга.		
9. Больше всего дедушке в фильме нравятся романтические стихи.		

Занимаемся языком.

3 Подчеркни правильные формы причастия.

1. Задание, *выполняемое/выполняемые* учениками, было очень интересное.
2. Книга, *читаемая/читая* в школе в 4-м классе, мне нравится и сегодня.
3. В фильме *Время первых* главная роль, *играя/играемая* актёром Евгением Мироновым, понравилась многим.
4. Моя подруга идёт на творческий вечер, *организуемая/организуемый* режиссёром.

4 Дополни правильную форму глагола.

1. Презентация ____________________ учениками 9-го класса.
   Гид ____________________ интересную экскурсию по Новгороду. *(готовится – готовит)*
2. Таня часто ____________________ мне имейлы.
   Книга об истории XVI века ____________________ разными историками. *(пишется – пишет)*
3. Обмен учениками ____________________ учителями русского языка.
   Мама Нины ____________________ поездку в Су́здаль. *(организуется – организует)*

Das kann ich schon.

Schätze mit den Smileys ein, wie du diese Aufgaben schon beherrschst.

Ich kann	☺☺	☺	😐	☹
– Texte über politische Entwicklungen verstehen.				
– den wesentlichen Inhalt von Filmausschnitten wiedergeben.				
– meine Meinung zu Filmen äußern und sie empfehlen.				
– Karikaturen beschreiben.				

Повторение.

Занимаемся языком.

1 **Добавь правильную форму местоимения *который*.**

г. Санкт-Петербург

На уроке русского языка мы рассказали о студентах, с ________________ мы познакомились летом в Санкт-Петербурге. Мы встретились с ними в маленькой гостинице, в ________________ мы жили. Они предложили провести для нас экскурсию, ________________ мы никогда не забудем! Ребята рассказали нам много интересного о тех местах, о ________________ мы уже читали, но ______________ мы ещё никогда не видели. Вечером мы подошли к тому месту, от ________________ отправляется катер до Петергофа и договорились встретиться там на следующий день. В Петергофе находится дворец, ________________ должен увидеть каждый, кто приезжает в Санкт-Петербург.

2 a **Соедини части предложений. Используй *когда*.**

М мы — ездить в Москву — посетить храм Христа Спасителя
→ Когда мы ездили в Москву, мы посетили храм Христа Спасителя.

студенты	посмотреть фильм о Петре Первом	отдыхать на берегу реки
Таня и Иван	встретиться с писателем	найти много новых друзей
туристы	жить летом на даче у бабушки	купить разные сувениры
ученики	учиться в немецкой школе	говорить о его новой книге
Костя	быть на Арбате	узнать многое о его жизни

____

____

____

____

____

____

б **Напиши о себе. Ответь на вопросы, используя *когда*.**

1. Чем ты занимался/занималась, когда у тебя были каникулы?
2. Что тебе понравилось, когда ты первый раз был/а в …?

____

____

____

Повторение.

3 а **Напиши предложения по образцу, используя *если …, то …* и формы императива.**

М ехать в музей → посмотреть новую выставку
Если ты поедешь в музей, то посмотри новую выставку.

любить старинные достопримечательности → посетить церковь
гулять по городу → идти по берегу реки
интересоваться спортом → посмотреть сегодня спортивные новости
любить русскую кухню → попробовать блины
слушать современную музыку → купить билет на концерт
не хотеть скучать в поездке → взять с собой интересную книгу

б **Что ты посоветуешь молодым людям, если они поедут в Германию. Напиши три совета. Используй императив.**

4 **Представь себе, что ты с друзьями летом хочешь поехать в Сибирь. Посмотри на рисунки и напиши предложения по образцу. Используй императив.**

М Чтобы ходить в походы, <u>возьми</u> с собой рюкзак.

Богатство Алтайского края

Занимаемся языком.

1 а **Подчеркни причастия. Составь предложения, используя слово *который*.** ▶ Nach SB S. 91/3

1. Курорты, находящиеся в Алтайском крае, быстро выросли.

____

2. Туристы, интересующиеся природой, часто приезжают на курорты Алтая.

____

3. Молодёжь , сидящая в автобусе, говорила о красоте природы Алтая.

____

4. Пшеница, растущая в Алтайском крае, – это экологически чистый продукт.

____

5. Ученик, мечтающий об Алтае, любит экологический туризм.

____

б **Посмотри на картинки и добавь причастия в правильной форме.** ▶ Nach SB S. 91/4

посмотревший – смотрящий

Молодые люди, ____________ фильм об Алтае, узнали много нового.

Девушка, ____________ фильм о Сибири, долго думала о поездке на Байкал.

прочитавший – читающий

Олег Петрович, ____________ роман Людмилы Ули́цкой, не заметил, как стало темно.

Иван, ____________ рассказ Го́голя, объяснил конфликт этого произведения.

Слова – наше богатство.

2 a Добавь в таблице слова по теме *Природные ресурсы.* ► Nach SB S. 93/8

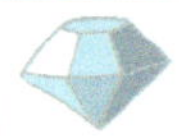							

б Дополни предложения.

1. Россия экспортирует газ и ____________  в Западную Европу.
2. В этом магазине в центре Москвы можно купить украшения из ____________  и с ____________ 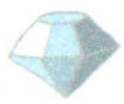 из Сибири.
3. Узбекистан известен производством ____________ .
4. ____________  – символ экологического сельского хозяйства в Алтае.
5. В этом крае добывают ____________ , ____________  и ____________ .

Давайте почитаем.

S. 74

3 Прочитай флаер и выбери вариант текста, который подходит к флаеру.
► Nach SB S. 93/8

Вы любите красоту высоких гор?
Вы увлекаетесь активным отдыхом?
Приезжайте на Золотое кольцо Алтая!

Вас ждёт поездка в 7 дней на микроавтобусе;
маленькие группы от 2 до 7 человек;
старт в Барнау́ле.
Вы будете жить на эко-турбазах и 2 дня спать в палатках.
Каждый день вас ждут пешеходные и водные экскурсии на байдарках по озеру Теле́цкое.
У реки Чулышма́н мы побываем в удивительном месте – на Каменных грибах.
Горная экскурсия по заповеднику и Улага́нскому перева́лу[1] высотой в 2080 метров откроет вам чудесный вид на регион.
Вечером вас ждёт отдых у костра и в бане по-алтайски.

1 Gebirgspass

A Der Flyer informiert über eine einwöchige Tour rund um den Ort Barnaul. Dabei erlebt man Natur pur. Alle Teilnehmer übernachten in Zelten und erkunden auf täglichen Touren die Schönheit des Altai. Ein besonderes Highlight ist die Überquerung des Ulaganpasses.

Б Das Unternehmen bietet eine siebentägige Tour im Kleinbus ab Barnaul an. Täglich wird auf Wanderungen die Schönheit des Goldenen Rings des Altai erkundet. Eines der vielen Highlights ist eine Kanutour auf dem Telezker-See.

B Eine Woche Wandern rund um den Goldenen Ring des Altai! Alle Etappen der Tour werden zu Fuß zurückgelegt, nur so ist die Vielfalt der Berggipfel und Täler in ihrer Schönheit wirklich zu genießen. Abends ist Entspannung am Lagerfeuer und in der Banja angesagt.

S. 75

4 **Саша работает гидом в фирме *Эко-Алтай*. Прочитай, что пишут в его блоге. Дополни в форуме три вопроса, на которые ответил Саша.** Nach SB S. 93/8

 KSJUSHA	Я хотела бы увидеть красоту вашего края. Я интересуюсь вашим туром, но очень не люблю массовый туризм. Вопрос: ____________
 SASCHA	Не волнуйтесь, мы организуем наши туры только для маленьких групп, максимум 8 человек.
 KARO	Я пишу из Берлина. Мы студенты и очень любим отдыхать в горах, но только 2 из нас могут немного говорить по-русски. Вопрос: ____________
 SASCHA	В августе у нас будет волонтёр Виктор из Гамбурга, он студент , изучает туристику и хорошо говорит и по-немецки, и по-русски. Если вы хотите забронировать тур с ним, то ответьте, пожалуйста, как можно быстрее.
 TSCHEBU	Приветик из Иркутска, ваше название *Эко-Алтай*. Вопрос: ____________
 SASCHA	Экология для нас очень важна. Во-первых, мы организуем все туры по критериям экологии. Во-вторых, все наши партнёры тоже работают по этим критериям, например, турбазы, рестораны. И в-третьих, многие туры организованы так, что мы ходим в походы пешком или плаваем на байдарках.

Помоги другим.

S. 84

5 **Менеджер турбюро твоего района, который ищет новых партнёров в Сибири, познакомился с менеджером из Барнаула. Он хочет задать ему вопросы, чтобы больше узнать об Алтае. Напиши его вопросы на русском языке.** ▶ Nach SB S. 93/8

1. Wo genau befindet sich Barnaul? ____________
2. Wie viele Menschen leben in Ihrem Gebiet? ____________
3. Welcher Industriezweig ist bei Ihnen am stärksten entwickelt? ____________
4. Welche Naturressourcen gibt es bei Ihnen? ____________
5. In welche Länder exportieren Ihre großen Betriebe? ____________
6. Wie ist die Landwirtschaft entwickelt? ____________
7. Welche Rolle spielt die Ökologie in Ihrer Region? ____________
8. Wie viele Naturschutzgebiete gibt es in Ihrer Region? ____________
9. Haben Sie schon Partner aus Deutschland? ____________

Гостеприимство по-кавказски

Занимаемся языком.

1 **Прочитай предложения и измени их по образцу. Используй *после того как*.** ▶ Nach SB S. 95/4

М Шахматы в армянских школах – обязательный предмет. Когда мы узнали об этом, мы решили посетить армянскую школу.
→ После того как мы узнали, что шахматы в армянских школах – обязательный предмет, мы решили посетить армянскую школу.

1. Когда мы поговорили с учениками, мы узнали, что в Армении шахматы были известны ещё в IX веке.

stock.adobe.com/Dragonimages

2. Ещё мы узнали, что когда армянин Тигра́н Петрося́н впервые стал чемпионом мира, он стал настоящим национальным героем.

2 **Напиши предложения по образцу.** ▶ Nach SB S. 95/5

М Слушая рассказ гида, туристы смотрели на церковь.
→ Когда туристы слушали гида, они смотрели на церковь.

Послушав гида, туристы задали гиду много вопросы.
→ После того как туристы послушали гида, они задали гиду много вопросы.

1. Гуляя по старому Ерева́ну, мы видели много старинных зданий.

2. Погуляв по центру города, мы пошли искать ресторан с национальной кухней.

3 **Что подходит? Соедини части предложений.** ▶ Nach SB S. 96/4

1) Перед тем как проводить интервью,
2) Перед тем как начать интервью,
3) После того как вы рассказали о теме,
4) После того как вы задали все вопросы,

а) нужно поблагодарить за интервью.
б) можно задавать вопросы.
в) нужно подготовиться и много узнать по теме.
г) скажите: «Спасибо за согласие на интервью».

Слова – наше богатство.

4 **Что подходит, к какой части интервью? Заполни таблицу следующими выражениями.**
► Nach SB S. 97/96

- узнать о человеке/теме как можно больше
- поблагодарить за возможность провести интервью
- попросить рассказать подробнее
- сказать, как вас зовут
- подготовить и записать вопросы
- прочитать или посмотреть все или последние интервью с этим человеком/ по этой теме
- последний вопрос
- приветствие и первые вопросы
- уточняющие вопросы
- завершение беседы
- прощание

Подготовка к интервью	Начало интервью	Основная часть интервью	Заключительная часть интервью

5 **Максим рассказал в своём интервью об Армении. Прочитай его ответы и вопросы журналиста. Поставь их в правильном порядке.** ► Nach SB S. 97/96

☐ Максим, почему тебе захотелось поехать в Армению?

☐ Армянский юмор всегда был очень популярен. Почти каждый знал и мог рассказать какую-нибудь шутку. Во времена СССР была очень популярна юмористическая передача *Армянское радио*.

☐ Здорово! Это не только оригинальный способ развития туризма, но и метод поднять себе настроение.

☐ Конечно. Сегодня все взрослые знают известного юмориста Петрося́на, а у молодых людей самая популярная передача – *Comedy Club*. Есть всеми любимые юмористы Мартирося́н и Галустя́н. В городе Гюмри́, который считается в Армении столицей юмора, даже есть Стена анекдотов. На ней анекдоты можно прочитать на армянском, русском и английском языках.

☐ А сегодня? Армянский юмор популярен сегодня?

☐ Расскажи, пожалуйста, подробнее о юморе.

☐ У нас дома все любят Армению. Когда я был маленьким, мой дедушка мне часто рассказывал о городе Гюмри́, в котором он родился. Он любил рассказывать о местном населении и очень любил местный юмор.

Учимся писать.

S. 84

6 **Прочитай ответы ученицы, которая приехала из Армении, где она была по школьному обмену. Подумай и напиши, что мог сказать и спросить журналист.** ► Nach SB S. 97/12

Журналист: ______________________________

Ученица: Пожалуйста! Я первый раз даю интервью. В Армении, в Ереване, я была две недели.

Журналист: ______________________________

Ученица: Да, это было очень интересное время! Мы столько всего увидели! Посетили столько достопримечательностей, съели столько вкусной еды!

Руи́ны хра́ма Звартно́ц, г. Ереван

Shutterstock/MindStorm

Журналист: ______________________________

Ученица: Больше всего меня удивило кавказское гостеприимство. Там люди очень рады гостям. Много вкусной еды, красивой музыки, города тоже очень красивые. На улицах много армянского фаст-фуда и везде в городе есть вай-фай!

Журналист: ______________________________

Ученица: Самый популярный фаст-фуд в Армении, наверное, карси хоровац – «шашлык по карсски», который похож на шаурму. Ещё мне понравился бртуч – это аналог мексиканского буррито. Ну и, конечно же, можно купить кебаб.

Журналист: ______________________________

Ученица: В школе меня удивил предмет шахматы. Ещё я узнала, что по этому предмету даже есть экзамен. А первый учебник по математике был написан армянином. Меня это тоже удивило.

Журналист: ______________________________

____

Ученица: Я думаю, это из-за армянского геноцида.

Журналист: ______________________________

Ученица: Да! Я хотела бы ещё раз поехать в Армению со своими друзьями или с семьёй. Там очень много интересного для туристов. И теперь у меня там много друзей.

7 **Проведи интервью со своим партнёром/ своей партнёршей. Подумай, о чём тебе и твоим друзьям интересно было бы узнать. Напиши для этого интервью пять вопросов. Не забудь использовать выражения для начальной, основной и заключительной части интервью.** ► Nach SB S. 97/12

____

____

____

____

____

Занимаемся языком.

1 **Выбери и подчеркни правильный союз.** ► Nach SB S. 99/2

1. Мы в классе готовим интервью с жителями Риги, *потому что/ поэтому* хотим узнать их мнение о международном фестивале молодёжи.
2. Летом мы ездили с друзьями на Кавказ, в Армению, *поэтому/потому что* хотели увидеть гору Арарат.
3. Я люблю пробовать новую национальную кухню, *потому что/поэтому* это всегда необычно и интересно.
4. Мне нужно было подготовить вопросы для интервью, *поэтому/потому что* я стал искать информацию по этой теме в интернете.
5. В разных странах есть разные обычаи и традиции, *поэтому/потому что* перед поездкой лучше узнать о них.
6. Я очень хотела бы летом поехать отдыхать на Балтийское море, *потому что/ поэтому* там всегда происходит много интересного и летом не очень жарко.

2 **Составь предложения. Запиши два предложения с союзами *поэтому* и *потому что* в тетрадь.** ► Nach SB S. 99/2

1. Я хотела бы пройти практику в музее. Я написала мотивационное письмо в музей.
2. Я хотела бы пройти практику в музее. Я давно интересуюсь историей XX века.

3. Моя подруга учится в Латвии. Она всегда хотела учиться в Латвии.
4. Моя подруга учится в Латвии. Она часто гуляет по историческому центру города.

3 **Вставь, где нужно, тире.** ► Nach SB S. 100/6

Моя мама __ корреспондент. Она __ часто ездит в страны Балтии. Балтия или Прибалтика __ это три страны, которые не входят в состав СНГ. Эти три страны __ страны Евросоюза. Коренных жителей Эстонии называют __ эстонцами, Латвии __ латышами, а Литвы __ литовцами. В странах Балтии __ много курортов, туристических мест и интересных достопримечательностей, о которых мама любит рассказывать в своих репортажах.

stock.adobe.com/Pixel62

Слова – наше богатство.

S. 79

4 **Что где находится? Напиши на карте слова из таблицы. Потом дополни предложения.**
▶ Nach SB S. 99/6

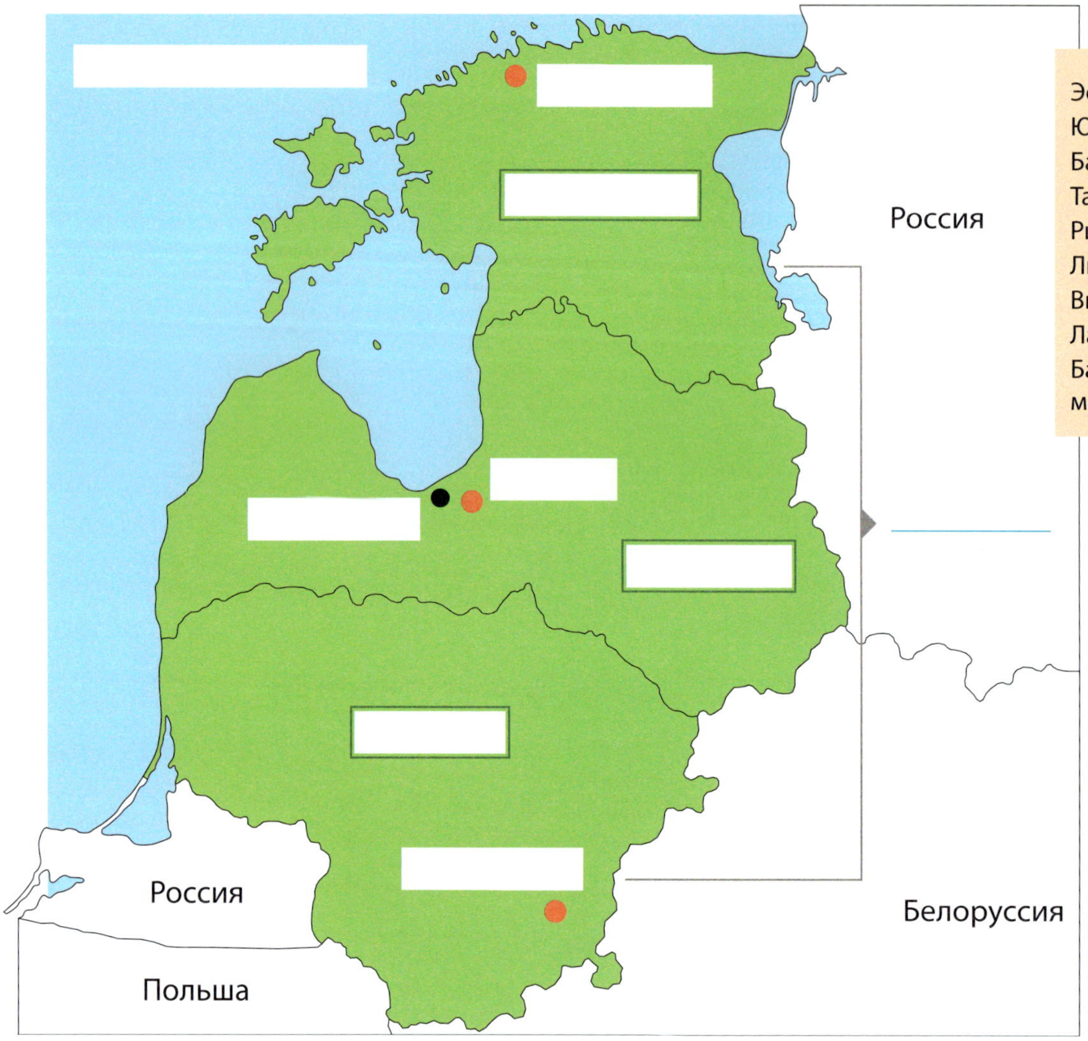

Эстония
Юрмала
Балтия
Таллин
Рига
Литва
Вильнюс
Латвия
Балтийское море

1. Эстония граничит на юге с ________________, а на востоке с ________________.
2. Латвия граничит с ________________ на севере, с ________________ – на востоке, с ________________ – на юго-востоке и с ________________ – на юге.
3. Литва граничит на севере с ________________, на юго-востоке – с ________________, на юго-западе – с ________________ и ________________.

5 **В будущем многое изменится. Найди синонимичные выражения. Потом напиши 4 предложения о будущем в тетради.** ▶ Nach SB S. 101/8

1. заменяющий человека	а) сферы науки
2. человекоподобные роботы	б) роботы, которые похожи на людей
3. молодые учёные	в) будущее, которое скоро придёт
4. отрасли науки	г) работающий вместо человека
5. широкий кругозор	д) делать жизнь менее безопасной
6. причинять вред	е) знания во многих сферах и областях
7. ближайшее время	ж) будущие специалисты в научной сфере

Давайте почитаем.

6 а **Прочитай мотивационное письмо Максима и скажи, чем он интересуется.** ▶ Nach SB S. 100/7a

Уважаемые господа,

я прочитал в интернете о вашем проекте по робототехнике и хотел бы участвовать в нём. Меня очень интересует робототехника. Когда я вырасту, я хотел бы стать учёным, который занимается изобретением новых роботов. Я хотел бы создавать таких роботов, которые приносили бы пользу обществу, сделали бы нашу жизнь и будущее безопаснее.
Моя мечта – создать робота, который смог бы сделать процесс обучения в школе более современным и более интересным. Такой робот мог бы помогать ученикам получать знания и расширять кругозор.
Перед тем как начать учёбу в университете по этой профессии, я хотел бы принять участие в вашем проекте, а потом пройти практику на предприятии, разрабатывающем проекты по робототехнике.
Очень надеюсь на положительный ответ и жду вашего решения.

Максим Николаев, ученик 11 класса.

б **Продолжи предложения.**

1. Максим написал это мотивацинное письмо, потому что ______________________________

____

2. Максим хочет стать ______________________________

____

3. Максим хочет сделать робота, ______________________________

____

3. Максим думает, ______________________________

____

Учимся писать.

7 а **А какие представления о будущем у вас в классе? Напиши в тетради русский алфавит. Придумай к каждой букве одно слово или выражение о будущем.** ▶ Nach SB S. 101/12

М **Ж**изнь человека в будущем **П**опулярные профессии будущего **Я**зыки будущего

б **Обменяйтесь с партнёром/партнёршей своими словами/выражениями. Найдите три слова/выражения, которые для вас самые важные или интересные. Напишите маленький текст о будущем. Представьте его в классе.**

↗ S. 75 **8** **Представь, что ты хочешь участвовать в проекте *Как я вижу будущее*. Напиши в тетради своё мотивационное письмо.** ▶ Nach SB S. 101/12

Проверь себя.

Занимаемся языком.

1 **Выбери и добавь правильный союз.**

если …, то | когда | перед тем как | после того как | потому что | поэтому | чтобы

1. ______________ я окончу школу, я хочу один год работать волонтёром в Сибири.
2. ______________ получать хорошие оценки, надо постоянно заниматься.
3. ______________ бы Том участвовал в обмене учениками, ______________ он поехал бы в июне в Барнаул.
4. В Сибирь хорошо ездить в июне, ______________ в это время там не так жарко.
5. На улице Арбат жили многие поэты, ______________ там стоят их памятники.
6. ______________ Соня посетила дом-музей Анны Ахматовой, она решила прочитать её стихи.
7. ______________ мы летом поедем в отпуск, я хочу заранее немного узнать о стране и её традициях.

2 **Добавь правильные причастия и деепричастия.**

находящийся | посетив | приехавший | читая

1. Юрий, ______________ из Берлина, любит гулять по парку имени Горького.
2. Исторический музей, ______________ в центре Москвы, рассказывает об истории России с самого её начала до XXI века.
3. ______________ Кремль, туристы узнали о роли этой крепости для Москвы.
4. ______________ книги о древней Руси, мы лучше понимаем историю России.

Давайте послушаем.

13 **3** **Послушай интервью с участниками молодёжного фестиваля. Отметь правильные ответы.**

	да
1. Фестиваль каждый год проходит на курортах у Балтийского моря.	
2. В фестивале участвуют только молодые люди, которые говорят по-русски.	
3. В этом году фестиваль состоится в Латвии.	
4. Анна приехала на фестиваль из Новосибирска.	
5. Днём все участвуют в проектной работе по теме *Я и Европа*.	
6. Эта тема не интересна для российской молодёжи.	
7. Эрика и Ангэлэ – студенты из города Ка́унас.	
8. В школе Эрика и Ангэлэ изучали английский и французский языки.	
9. Вечером Эрика и Ангэлэ любят посещать концерты на берегу моря и вести беседы с людьми из других стран.	
10. Организатор фестиваля участвовал в первом фестивале в Копенгагене.	

Давайте почитаем.

4 **Прочитай текст и ответь на вопросы.**

Добро пожаловать на море, к нам в ПАЛА́НГУ!

Курорт Пала́нга – современный маленький город с новыми гостиницами и маленькими уютными турбазами. У моря работает большой аквапарк. Молодые люди вечером встречаются на центральной площади, где проходят концерты. Пала́нга является самым известным курортом на западе Литвы, находящимся в Кла́йпедском уе́зде[1]. Сегодня здесь можно посмотреть много достопримечательностей.

Во время перестройки Литва стала самостоятельной страной, и сейчас она уже много лет входит в состав Евросоюза. Клайпедский уезд граничит с Латвией и с Калининградской областью Российской Федерации. Территория Клайпедского уезда – это природный заповедник. Здесь развит экотуризм, организуются походы к морю, можно ночевать в палатке в лесу недалеко от пляжа. Этот курорт стал центром туризма страны.

Не только литовцы любят отдыхать на Балтийском море, но и туристы из Западной Европы, особенно из Германии.

Туристы любят посещать известный музей Янтаря́[2], дом-музей немецкого писателя Томаса Манна с прекрасным видом на море и просто кататься на велосипедах и посещать маленькие деревни. И все, конечно же, любят море и пляж, на котором можно найти красивые и тихие места для отдыха.

Для туристов, интересующихся историей средних веков, предлагаются автобусные экскурсии до Трака́йского за́мка[3]. Замок был построен как резиденция литовских князей в XIV веке.

1 Landkreis Klaipeda 2 Bernstein 3 Wasserburg Trakai

1. Где находится курорт Паланга?

2. Что находится на территории Клайпедского уезда?

3. Как можно провести каникулы в Паланге и на Балтийском море?

4. Какие достопримечательности стоит посмотреть недалеко от Паланги?

Das kann ich schon.

Schätze mit den Smileys ein, wie du diese Aufgaben schon beherrschst.

Ich kann	☺☺	☺	😐	☹
– Sätze mit Partizipialkonstruktionen verstehen.				
– ein Interview führen.				
– den wesentlichen Inhalt von Texten zu touristischen Themen in der jeweils anderen Sprache wiedergeben.				

Wie auch in deinem Schülerbuch (S. 108–121) findest du hier weitere Aufgaben zum Üben. Entscheide selbst, welche für dich die richtigen sind.

Урок 1

S. 5 **1 Какое слово не подходит?**

режиссёр, автомеханик, оператор, сценарист

актриса, певица, шеф-повар, писатель

шеф-повар, официант, кондитер, учитель

веб-дизайнер, программист, офис-менеджер

S. 6 **3 Какое личное качество подходит? Выбери и напиши.**

1. серьёзный, ответственный, ____________ (надёжный/весёлый)
2. любознательный, ____________ (разносторонний/усидчивый)
3. креативный, ____________ (талантливый/решительный)
4. привлекательный, красивый, ____________ (симпатичный/скромный)

S. 6 **4 Составь и напиши в тетради пять предложений.**

Если бы	я ты он/она	был была	серьёзный общительный усидчивый креативный любознательный ответственный	то	я ты он/она	стал бы стала бы	шеф-повар врач медсестра/ медбрат писатель/ писательница режиссёр телеведущий/ телеведущая

S. 7 **5 Напиши предложения по образцу.**

M Если бы я была общительной → (стать корреспондентом)
Если бы я была общительной, то я стала бы корреспондентом.

1. Если бы я знала, кем я хочу стать → (искать информацию по этой профессии)

____

2. Если бы у меня был опыт работы промоутером → (послать своё резюме в эту фирму)

____

3. Если бы я работал врачом → (хорошо зарабатывать)

____

4. Если бы Макс любил работу в бюро → (стать офис-менеджером)

____

S.8 ⊙ **3** **Послушай текст. Отметь правильный ответ.**

3

1. Какой второй иностранный язык учит Анна?	☐ немецкий	☐ русский	☐ английский
1. В каком городе Анна живёт?	☐ в Лейпциге	☐ в Дрездене	☐ в Берлине
2. Когда кончаются у Анны каникулы?	☐ 10 августа	☐ 20 августа	☐ 30 августа
3. Когда Анна была в Санкт-Петербурге?	☐ осенью	☐ зимой	☐ весной
4. Как долго Анна работала в детском саду?	☐ 1 неделю	☐ 2 недели	☐ 3 недели
5. На чём Анна играет?	☐ на пианино	☐ на гитаре	☐ на флейте

S.9 ⊙ **5** **1. Поставь предложения в правильном порядке.**

А После окончания общеобразовательной школы Коля поступил в университет.

Б Когда Коле было 6 лет, он начал учиться в начальной школе.

В В школе он учился хорошо. Закончил он школу на отлично.

Г После окончания университета Коля переехал в Америку.

Д Коля Смирнов родился 4 сентября 2009 года в Москве.

Е Сегодня Коля увлекается музыкой и играет в музыкальной группе.

Ж После начальной школы Коля начал учиться в общеобразовательной школе.

1	2	3	4	5	6	7

2. Напиши небольшой текст о себе.

– родиться … *(когда? где?)*

– учиться в начальной школе с … лет

– после начальной школы учиться в …

– увлекаться/интересоваться … *(чем?)*

S.12 ⊙ **4a** **Прочитай советы для собеседования. Составь и напиши четыре совета в императиве. Используй подчёркнутые слова.**

- Когда ты готовишься к собеседованию, нужно заранее посмотреть план города и рассчитать время на дорогу.
- Если не хочешь опаздать, то нужно выйти из дома рано.
- Чтобы не волноваться, можно потренироваться дома с другом или с родителями.

М Готовься к собеседованию!

Д

Урок 2

S. 20 (•) **5a** **Прочитай тексты на стр. 22–23. Потом прочитай предложения и отметь, что правильно, а что неправильно.**

	да	нет
В XVII веке русский царь Алексей Михайлович посетил город Гота.		
На выставке в городе Гота можно увидеть сегодня подарки русского царя Алексея.		
После войны против Наполеона из Готы в Россию привезли много картин.		
В конце войны, в 1945 году, многие картины привезли из Готы в Москву.		
В музее имени А. С. Пушкина сегодня можно увидеть много картин из Готы.		
Музеи хотели бы продолжить обмен выставками.		

	да	нет
В 2010 году мэр Готы попросил у музея им. А. С. Пушкина картину *Ernestus Dux Saxon nebst seiner Frau Gemahlin*.		
Картина *Ernestus Dux Saxon nebst seiner Frau Gemahlin* нарисовал Христиан Рихтер.		
На картине изображён замок Фриденштайн.		
Музей им. А.С. Пушкина сделал копию картины и передал её в Готу.		
В 2016 году в Москве прошла выставка о жителях Тюрингии.		
В 2017 году в Готе была выставка картин французских художников. Эти картины привезли из Москвы.		

Урок 3

S. 32 (•) **4** **1. Прочитай текст.**

Германия часто становилась новой родиной для людей, которым нужна была работа. В конце XIX века в Германию переселилось очень много рабо́чих[1] из Польши. В 50-е и 60-е годы XX века в Германию приехали рабочие из Португалии, Испании, Италии, Турции. А в конце 90-х годов в Германию приехало очень много переселенцев из России и Казахстана. Сегодня большинство мигрантов в Германии – это турки или арабы.

Но и немцы также переселяются в другие страны. В XIX веке около 4 миллионов немцев эмигрировало в Америку, Канаду, Австралию и другие страны. Многие из них хотели найти там новую работу, лучшую жизнь или просто переселялись к своим родственникам, выходили замуж или женились. Сегодня по результатам опросов видно, что многие квалифицированные специалисты уезжают из Германии в основном в Швейцарию, США или Австрию.

Shutterstock.com/Hampus design

1 Arbeiter, *ср.* работа

2. Какое название больше всего подходит к тексту?

Переселенцы из Польши | Миграция в Германии | Немцы за границей

3. Отметь, что правильно. Иногда правильны несколько ответов.

1. В 50-е и 60-е годы в Германию приехали рабочие из …

☐ Польши и Португалии. ☐ Австрии и США. ☐ Испании, Турции и Италии.

2. В 90-е годы в Германию приехало много переселенцев из …

☐ Казахстана. ☐ России. ☐ Испании.

3. Сегодня немцы часто переселяются в …

☐ Россию. ☐ Швейцарию, США и Австрию. ☐ Австрию и Турцию.

S. 32 **6** **Напиши по-другому. Используй союзы в скóбках (Klammern).**

1. Настя переселилась в Германию из-за работы. (чтобы)

____

2. Том женился на американке и по этой причине переехал в Америку. (потому что)

____

3. Тина уехала в Канаду, чтобы жить рядом со своими родственниками. (из-за)

____

S. 33 **7** **Прочитай на стр. 33 текст о причинах, по которым молодые люди хотят поехать за границу. Передай основное содержание на русском языке. Используй следующие выражения.**

- выпускники
- узнать новое
- (получить) место в университете
- учёба за границей
- новые контакты
- (получить) новый опыт

S. 33 **8** **Прочитай последний абзац ещё раз. Отметь, что правильно, а что неправильно.**

	правильно	неправильно
1. Из статистического материала следует, что раньше учиться за границу уезжало меньше выпускников, чем сейчас.		
2. В опросе сказано, что сейчас учиться за границу уезжает меньше выпускников, чем раньше.		
3. В 2015 году за границу уехало 137 700 выпускников, а в 2000 году – 57 000.		
4. Иследования показывают, что выпускники школ часто уезжают в Европу.		
5. По результатам опроса видно, что выпускники не любят ездить на учёбу в Австрию, Нидерланды и Великобританию.		

S. 36 **5б** **Подчеркни ответы, которые подходят для Марии.**

Мария выросла в *берлинской/бурятской/билингвальной* семье. Она говорит как на родном языке *по-русски и по-немецки/ по-русски и по-испански/ по-русски и по-английски*. В школе Мария изучает *испанский/французский/английский* язык. Знание языков помогает ей *искать работу/ общаться с людьми/ учиться за границей*.

S. 36 **6** **Ответь на вопросы об иностранных языках.**

1. Какой язык твой родной? ______________________

2. Какие иностранные языки ты учишь? ______________________

3. Какие языки ты (немножко) понимаешь? ______________________

4. С какого класса ты учишь русский язык? ______________________

5. В каких ситуациях/ Когда ты говоришь на иностранных языках? ______________________

____

6. Как и когда тебе помогают или могут помочь иностранные языки? ______________________

____

S. 38 **4** **Прочитай текст о городе Веймар и ответь на вопросы.**

В Веймаре туристы обычно посещают дома, в которых жили Гёте и Шиллер, и узнают в музеях интересные факты о классической литературе.

Но в Веймаре есть ещё одна интересная достопримечательность, которая находится на историческом кла́дбище[1]. Эта достопримечательность – правосла́вная[2] церковь Марии Магдалены.

В XIX веке веймарский герцог Карл Фридрих женился на дочери русского царя Павла Первого. Мария Павловна стала принцессой Саксен-Веймара. Когда Мария Павловна приехала жить в Веймар, герцог построил для неё маленькую домовую церковь.

Жители Веймара очень любили принцессу Марию. Им нравилось, как она относилась к ним, потому что она всегда помогала бедным людям.

Мария Павловна умерла в 1859 году. Через год после этого её сын построил для неё сегодняшнюю церковь. Церковь Марии Магдалены открыта и сегодня. Слу́жбы[3] проходят здесь каждую неделю. А на религиозный праздник Пасху сюда приезжают переселенцы и русскоговорящие жители из всей Тюри́нгии, чтобы участвовать в праздничной пасхальной службе.

Русская ортодоксальная церковь Святой Марии, г. Веймар

picture alliance / ZB

1 Friedhof 2 orthodox 3 Messe

1. Что туристы часто посещают в Веймаре?

____

2. Какая достипримечательность находится на кладбище города?

____

3. Кем была Мария Павловна?

____

4. Когда была построена церковь Марии Магдалены?

____

S.39

6 Прочитай объявление на стр. 39. Ответь на вопросы, которые интересуют твоего друга/ твою подругу из России.

1. Как называется эта программа? ____________________
2. В этой программе может участвовать каждый ученик? ____________________
3. Как долго молодые люди будут жить в Германии? ____________________
4. В каких городах можно будет жить? ____________________
5. Участники проекта получат деньги? ____________________
6. Что можно делать в этой программе? Где можно работать? ____________________

Урок 4

S.46

5 Прочитай текст о сериале *Екатерина* и ответь на вопросы.

Телевизионный сериал *Екатерина*

Российский исторический сериал *Екатерина* рассказывает о жизни немецкой принцессы Софии Августы Фредерики. Этот сериал о том, как немецкая принцесса стала императри́цей[1] Всероссийской – Екатериной Второй.
Фильм показывает не только, как Екатерина правила и каким было её правление в России, но рассказывает также о Екатерине как о человеке.
Екатерина приехала в Россию молодой девушкой, которая искала счастья и любви. Но в России её ждала трудная жизнь. Екатерина показана в сериале сильным человеком, который идёт к своей цели, – стать императрицей России.
Премьера этого сериала состоялась в 2014 году на российском телеканале «Россия-1». Сериал был очень популярен у российской телеаудитории, у него были высокие рейтинги. Сериал *Екатерина* получил множество призов. В 2016 году он победи́л[2] в номинации *Лучший телевизионный сериал*.

stock.adobe.com/steschum

1 Kaiserin 2 hat gewonnen

1. О чём или о ком рассказывает телесериал *Екатерина*?
2. Кем была Екатерина Вторая, откуда она приехала?
3. Каким Екатерина была человеком и кем она хотела стать?
4. Когда и где состоялась премьера сериала?

Д

S.49 6 **Прочитай информацию о фильме и исправь высказывания.**

Название	Хороший мальчик
Год	2016
Страна	Россия
Жанр	комедия
Режиссёр	Окса́на Кара́с
Актёры	Семён Трескуно́в, Михаил Ефре́мов, Константин Хабе́нский, Анастаси́я Богатырёва, Ие́ва Андрееава́йте, Александр Паль …
Сюжет	Коля Смирнов (Семён Трескуно́в) – обычный школьник. Его мама – бухгалтер, а папа (Константин Хабе́нский) мечтает о том, как сделать мир лучше и семью счастливее. Но тут случается любовь. Коля влюбляется в дочку директора школы – Ксюшу. Она согласна ответить на чувства Коли, если он подожжёт[1] школу. Коля к этому не готов. И тут он влюбляется в молодую учительницу английского языка. Ситуация начинает выходить из-под Колиного контроля, и тогда начинается всё самое интересное и неожиданное. В фильме много юмора и шуток. Фильм получился очень светлый и лёгкий. Фильм вызывает улыбку и несёт тепло.

1 anzünden

1. Режиссёр фильма Семён Трескунов снял исторический фильм *Хороший мальчик*.

___

2. Фильм рассказывает историю взрослого человека Семёна Трескунова.

___

3. У Коли в жизни ничего не происходит. ___

___

4. Коля сначала влюбился в дочку соседа, а потом в него влюбилась учительница по математике. ___

___

Урок 5

S.58 3 **Прочитай флаер и найди правильные высказывания.**

Вы любите красоту высоких гор?
Вы увлекаетесь активным отдыхом?
Приезжайте на Золотое кольцо Алтая!
Вы будете путешествовать 7 дней на микроавтобусе; маленькие группы от 2 до 7 человек; старт в Барнау́ле.
Вы будете жить на эко-турбазах и 2 дня спать в палатках. Каждый день вас ждут пешеходные и водные экскурсии на байдарках по озеру Теле́цкое.
У реки Чулышма́н мы побываем в удивительном месте – на Каменных грибах. Горная экскурсия по заповеднику и Улага́нскому перева́лу[1] высотой в 2080 метров откроет вам чудесный вид на регион.
Вечером вас ждёт отдых у костра и в бане по-алтайски.

1 Gebirgspass

	richtig
1. Es geht um eine Tour am Goldenen Ring des Altais.	
2. Es wird eine zweiwöchige Tour vorgestellt.	
3. Die Mindestteilnehmerzahl sind 7 Personen.	
4. Es wird meist in Jugendherbergen übernachtet.	
5. Täglich gibt es Touren zu Fuß oder mit dem Boot.	
6. Die bekannten Kamennije griby sind 2080 Meter hoch.	
7. Abends kann man am Lagerfeuer oder in der Sauna entspannen.	

S.59 4 **Саша работает гидом в фирме *Эко-Алтай*. Сначала прочитай вопросы. Потом прочитай, что пишут ребята в его блоге. Выбери из этих вопросов три вопроса, на которые ответил Саша и напиши их.**

– Сколько стоит экскурсия на одну неделю?

– У вас есть гиды, которые говорят по-немецки?

– В вашей программе есть экскурсии на байдарках?

– Какую роль играет для вас экология?

– Сколько человек у вас в одной группе?

– Что вы думаете о массовом туризме в Алтае?

 KSJUSHA	Я хотела бы увидеть красоту края. Я интересуюсь вашим туром, но очень не люблю массовый туризм. Вопрос: ____________
 SASCHA	Не волнуйтесь, мы организуем наши туры только для маленьких групп, максимум 8 человек.
 KARO	Я пишу из Берлина. Мы студенты и очень любим отдыхать в горах. Но мои друзья не могут говорить по-русски. Вопрос: ____________
 SASCHA	В августе у нас будет волонтёр Виктор из Гамбурга. Он изучает туризм и хорошо говорит и по-немецки, и по-русски. Если вы хотите забронировать тур с ним, то ответьте, пожалуйста, как можно быстрее.
 TSCHEBU	Приветик из Иркутска, ваше название *Эко-Алтай*. Вопрос: ____________
 SASCHA	Экология для нас очень важна. Во-первых, мы организуем все туры по критериям экологии. Во-вторых, все наши партнёры тоже работают по этим критериям, например, турбазы, рестораны. И в-третьих, многие туры организованы так, что мы ходим в походы пешком или плаваем на байдарках.

Shutterstock.com/khonkangrua; Shutterstock.com/urfin; Shutterstock.com/KENG MERRY Paper Art; mauritius images/Jesper Klausen/Science Photo Library/Science Photo Library / Jesper Klausen

Д

S.65 8 **Напиши в тетради небольшой текст на тему *Моё будущее*. Ты можешь использовать следующие начала предложений.**

1. В будущем я хотел/а бы стать …
2. Мои родители/друзья говорят, что это … профессия.
3. Я хотел/а бы работать …
4. Я (не) хотел/а бы (вы)учить … язык/и, потому что думаю, что в будущем все будут говорить …
5. Я (не) хотел/а бы в будущем … (путешествовать, работать, жить в разных странах …).
6. Я хотел/а бы иметь … (большую/маленькую семью, домашних животных, много/мало друзей …).
7. Для будущего, мне кажется, важно уметь/знать/быть …
8. Я очень надеюсь, что в будущем … (у меня будет интересная работа, мы будем жить в мире, все будут счастливы …).

Д

Wie auch in deinem Schülerbuch (S. 122–132) findest du hier weitere Aufgaben zum Üben. Entscheide selbst, welche für dich die richtigen sind.

Урок 1

S. 7 **5** **1. Какие качества нужны для того, чтобы здесь работать и проходить практику?**

Работа промоутером	Практика в киностудии	Работа в детском саду
______________	______________	______________
______________	______________	______________

2. Представь, что ты хотел/а бы работать/ проходить практику по этим объявлениям, но у тебя нет этих личных качеств. Напиши предложения с *если бы*.

____

____

____

____

____

____

S. 12 **4** **Как ты думаешь, какие советы можно дать перед собеседованием? Напиши в тетради небольшую записку для своего друга/ своей подруги. Используй эти выражения в императиве.**

❖ придумать ответы на вопросы ❖ хорошо выспаться ❖ рано лечь спать ❖ быть собой
❖ не сидеть вечером долго в соцсетях ❖ поговорить с друзьями/родителями
❖ погулять в парке и подышать свежим воздухом ❖ заранее написать свои вопросы
❖ потренироваться ❖ заранее выбрать одежду

Урок 2

S. 19 **3** **Посмотри на картинки к роману Гончарова *Обло́мов*. Как ты думаешь, какие прилагательные подходят к этим героям, к их жизни и что можно сказать об этом романе? Прочитай тексты и дополни их прилагательными.**

Мне кажется, Обломов очень ______________ человек, потому что он лежит на диване. По его одежде видно, что он из ______________ семьи и мог бы сделать много хорошего в своей жизни. Но он предпочитает не делать ничего. Даже тогда, когда от него уходит его ______________ женщина, он остаётся лежать на диване, потому что он ______________ человек. Обломов лежит и мечтает. Можно сказать, что он живёт в вирутальном мире. Поэтому мне кажется, что Обломов – ______________ роман и в наше время. Я думаю, что и в наше время многие предпочитают ничего не делать и могут, например, целыми днями лежать с телефоном на диване. И в наше время есть Обломовы.

Штольц много учился и поэтому он ________________ и ________________ человек. Ему нравится всегда что-то делать, придумывать новые проекты. Он ________________ и ________________ человек. У Штольца много идей и планов, поэтому его жизнь ____________ и ________________. Мне нравятся такие ________________ герои и люди, потому что они могут изменить мир. Они показывают, какой ______________ может быть жизнь человека.

.20 **5б** **Прочитай текст упр. 5а на стр. 20. Ответь на вопросы.**

1. Кто главный герой рассказа Саши?

____

2. Какой Иван Петров человек?

____

____

3. Что Иван думает о себе?

____

4. Чем занимается Иван?

____

____

5. Что описывает Иван в своих рассказах?

____

____

6. Что показал Саша своим рассказом?

____

____

.26 **6** 7 **Послушай текст и ответь на вопросы.**

1. В каком музее была показана выставка?

____

2. Что можно было посмотреть на выставке?

____

3. Что думали жители города об этом проекте? Какие у них были чувства?

____

4. Что делает современное искусство интересным?

____

____

Д

Урок 3

S.34 **2** **Ответь на вопросы. Обрати внимание на то, в каком падеже должна стоять фамилия.**

1. Кто сидит рядом с Петровым? ______
2. У кого нет соседа или соседки? ______
3. Кого сегодня нет в классе? ______
4. О ком думает Осокин? ______
5. С кем Осокин был в Берлине? ______
6. Кому даёт Сидоров книгу? ______
7. Чью книгу взял Петров? ______
8. Кого любит Серова? ______
9. С кем Бородина играет в волейбол? ______
10. Кто сидит рядом с Осокиным? ______

Урок 4

S.49 **7** **Выберите ваш любимый фильм и ответьте в тетради письменно на вопросы, не называя фильма. Обменяйтесь вашими описаниями. Отгадайте о каком фильме написал/а ваш партнёр/ ваша партнёрша. Если надо, задайте дополнительные вопросы.**

1. В какой стране был снят этот фильм?
2. Кто главные герои этого фильма?
3. Какие актёры играют в этом фильме?
4. Что мы узнаём из фильма об этих героях, какие они? Охарактеризуй их.
5. Что происходит в фильме, о чём этот фильм?
6. Какой это фильм (динамичный, напряжённый, романтический, весёлый …)?

S.51 **3** **Прочитай текст о России в 2000-х годах. Потом напиши, что означают слова из текста.**

Россия в новом столетии

После распада СССР в российской истории наступил очень важный период. После серьёзных перемен и изменений в обществе, которые принесли времена перестройки, наступило время новой эпохи. В марте 2000 года президентом Российской Федерации – главой государства – стал В. В. Путин. Главными задачами в это время были: рост экономики и борьба с терроризмом и с коррупцией чинóвников[1], которые незаконно брали деньги. В России эти времена стали называть временами стабильности, то есть временами, когда не было перемен, серьёзных изменений, регулярно выплачивались зарплаты и в магазинах можно было купить почти всё.

Shutterstock.com/Hampus design

1 Beamter

Перестройка – ______________________________

Президент – ______________________________

Коррупция – ______________________________

Стабильность – ______________________________

____

S.52 **5б** **Найди в интернете карикатуру о России 2000-х годов. Опиши её в тетради. Представь её в классе.**

Урок 5

S.64 **4** **Прочитай короткий текст о странах Балтии. Дополни предложения, пользуясь картой упр. 4 на стр. 64.**

Три страны Балтии

Есть мнение, что все три страны Прибалтики объединяет общая история, и поэтому эти три страны очень похожи.

Да, эти три страны долгое время были в составе СССР, потом вышли из него, стали частью Евросоюза, вошли в состав НАТО и считают советский период периодом оккупации.

Но все-таки эти страны имеют и много отличительных черт. Во-первых, языки стран Балтии очень отличаются друг от друга: литовский и латвийский языки родственны и составляют отдельную группу балтийских языков, которые не похожи ни на какие другие языки. Эстонский язык близок к финскому языку и совсем не похож ни на литовский, ни на латвийский.

Во-вторых, хотя все три страны находятся на берегу Балтийского моря, только в состав Эстонии входит множество больших и маленьких островов. В Латвии и в Литве островов нет.

И в-третьих, Эстония и Латвия до конца XX века не были самостоятельными национальными государствами, а Литва в средние века была самостоятельным государством, которое имело влияние на развитие истории Европы.

1. В Литве говорят на литовском языке, в Эстонии – ______________________, а в Латвии – ______________________.

2. Эстонский язык похож ______________________, а литовский и ______________________ языки относятся к группе ______________________.

3. На берегу Балтийского моря находятся столица Латвии город ______________ и ______________________.

4. Острова есть ______________________________.

Д

Д Wie auch in deinem Schülerbuch (S. 133–141) findest du hier weitere Aufgaben zum Üben. Entscheide selbst, welche für dich die richtigen sind.

Урок 1

S. 5 **1** **Составь и запиши все профессии.**

шеф- веб- теле- авто- офис- мед- пресс- радио- фото-

дизайнер повар ведущий секретарь брат механик редактор режиссёр менеджер

> Названия профессий, которые начинаются с шеф-, пресс-, офис-, веб- пишутся через дефис.
>
> Слитно пишутся названия профессий, если они начинаются с авто-, авиа-, теле-, радио-, фото-.

____

____

____

S. 8 **1** **Дополни местоимение *друг друга* в правильной форме.**

Правила дружбы

- Помогайте ____________ в беде.
- Уважайте и прощайте ____________.
- Если у вас есть проблемы – обсуждайте их ____________.
- Не бойтесь просить прощения ____________.
- Думайте ____________, пишите ____________ письма, сообщения, посылайте ____________ фото, видео …
- Если вы настоящие друзья – дорожите ____________!

S. 8 **2** **1. Дополни в тексте союзы *и …, и; ни …, ни; или …, или*.**

Мои родители никогда не увлекались модой. Они не умеют _____ рисовать, _____ шить. Но я только и мечтаю об этом с самого детства. Если бы я была не только креативной, но ____ более усидчивой, ____ серьёзной, то я легко могла бы стать тем, кем я хочу. Сейчас я ещё учусь в школе. Но я не люблю _____ гуманита́рные нау́ки[1], _____ то́чные нау́ки[2]. Я не люблю _____ математику, _____ физику, _____ химию. Больше всего я увлекаюсь творческими и креативными проектами, в которых можно ____ придумывать что-то новое, ____ сразу это рисовать. Я хотела бы стать _______ модельером и создавать свои коллекции, _______ художником по костюмам и работать в киноиндустрии.

1 Geisteswissenschaften
2 Naturwissenschaften

2. **Напиши о себе. Используй союзы *и …, и; ни …, ни; или …, или*.**

– Я не увлекаюсь ______

– Я хотел/а бы стать ______

– Я интересуюсь ______

– Я не хотел/а бы работать ______

S.9 **5** **Найди в интернете биографию человека, который добился успеха в той профессии/области, которой ты интересуешься/увлекаешься. Напиши основные пункты биографии в виде таблицы.**

S.12 **4б** **1. Прочитай советы. Подбери к ним названия и напиши их.**

Готовься заранее | Не бойся неудач | Подумай о внешнем виде | Будь интересным | Держи зрительный контакт и говори чётко и спокойно

______

Нужно заранее приготовить все документы и характеристики и заполнить анкету с личными данными. Очень профессионально было бы заранее узнать о компании, в которой ты хочешь пройти практику или найти работу. Информацию можно найти и в соцсетях.

______

Тебе очень поможет, если ты составишь о себе рассказ в письменной форме. Опиши в нём себя как успешного человека. Всегда хорошо делать акцент на своих положительных и сильных качествах, рассказывать о своих хобби и увлечениях. Нужно дать понять, что ты – человек, который чем-то увлекается и имеет широкий кругозор, интересуется новым. Надо повторить свой рассказ несколько раз перед зеркалом.

______

Нужно описывать свой опыт и свои достоинства спокойно. Когда рассказываешь, лучше смотреть ни в окно, ни на свои руки, а в глаза твоему собеседнику. Важно стараться не нервничать. Сидеть нужно ровно, отвечать чётко и уверенно. Также нужно стараться не употреблять слова-паразиты, например, «то есть», «вы знаете».

______

Внешний вид имеет огромное значение для успеха. Следует тщательно подготовить свой внешний вид. Очень аккуратно выбрать аксессуары, сделать деловую причёску и умеренный макияж. Важно также выбрать подходящую обувь.

______

Нужно относиться к собеседованию как к тренировке. Собеседования помогают развивать волю, полезные умения и правильное отношение к неудачам. Каждое собеседование, даже неудачное, – это бесценный опыт.

2. Выбери совет, который тебе больше всего понравился. Объясни, почему. Начни так:

Совет мне понравился потому, что я тоже считаю, что ______

______

______

3. Напиши в повелительном наклонении три совета, которые бы ты хотел/а дать своему другу/своей подруге.

______

______

______

Д

Урок 2

S.19 **3** **Посмотри на картинку к роману Гончарова *Обломов*. Как ты думаешь, какой он человек и как он любит жить? Найди информацию в интернете. Напиши в тетради текст по теме *Есть ли в наше время Обломовы?***

S.20 **6** **Напиши в тетради текст для блога по теме *Современный мир и литература классиков*. Ты можешь написать о роли литературы в твоей жизни, о своём любимом литературном герое и о его качествах.** ► Methode S. 160

S.26 **7** **Прочитай текст о виртуальной выставке в берлинском клубе *Панда* и дополни предложения.**

Виртуальная реальность и современное искусство

В Берлине можно увидеть копию знаменитого граффити *Братский поцелуй* в современом виде: Леонид Брежнев изображён на этой копии с VR-очками. Дело в том, что Дмитрий Врубель, автор знаменитого граффити, сделал вирутальную выставку по своим экспонатам.

При помощи виртуальных очков можно увидеть более 100 различных 3D-экспонатов. Сам художник Дмитрий Врубель также представлен в виртуальном виде. Его виртуальный аватар комментирует картины на стенах голосом художника. Стоя в комнате с пультом в руках, можно путешествовать по всей выставке и рассматривать экспонаты в реальную величину.

Это была огромная кропотливая работа, требующая больших знаний: все объекты нужно было не только сфотографировать, но и обработать в специальных программах. Потом надо было создать виртуальные помещения и «развесить» в них картины. Но результат получился великолепный.

Shutterstock/aslysun

1. Дмитрий Врубель – автор ______________________
2. В берлинском клубе *Панда* можно совершить ______________________

____
3. Все экспонаты можно увидеть из одной точки при помощи ______________________
4. Чтобы перенести объекты в вирутальную реальность, их нужно было ______________________

____

Урок 3

S.31 **1** **Посмотри на картинки. Происходят действтия одновременно или по очереди? Напиши предложения по образцу. Используй деепричастия.**

М Прочитав задание, ученик начал его выполнять.

____

____

____

Урок 4

.45 **4** **Прочитайте тексты на русском и немецком языках. Сравните их. Подчеркните факты, которые есть в одном тексте, но которых нет в другом. Расскажите друг другу эти факты на русском языке.**

Киевская русь

Киевская Русь была очень развитым государством в культурном и в экономическом смысле. Киев был одним из крупнейших городов Европы. При Ярославе Мудром страна достигла своего расцвета: было построено множество церквей и зданий, а в 1086 году внучка Ярослава Мудрого открыла первую женскую школу в Киеве.

Die Kiewer Rus war ein kulturell und ökonomisch entwickeltes Land. Kiew wetteiferte mit Konstantinopel. Unter Jaroslaw dem Weisen gelang ein Aufschwung der Kiewer Rus, der zu einer weiteren Entwicklung führte. Die Kinder Jaroslaws des Weisen heirateten in europäische Königshäuser ein.

Shutterstock/megastocker

Московский Кремль

Строительство Московского Кремля было закончено в XV веке. Для его строительства были приглашены архитекторы из Италии. У башней Кремля есть свои названия. Самая известная – Спасская башня, на ней находятся знаменитые куранты. И только две башни не имеют названия, их так и называют – Первая Безымянная и Вторая Безымянная башни.

Der Moskauer Kreml wurde Ende des 15. Jahrhunderts erbaut. An seiner Errichtung waren europäische Architekten beteiligt. In dem bekannten Spasski-Turm (Erlöserturm) befindet sich eine Uhr mit vier Zifferblättern, die immer die genaue Zeit anzeigt, da sie mit dem Moskauer Astronomischen Institut verbunden ist.

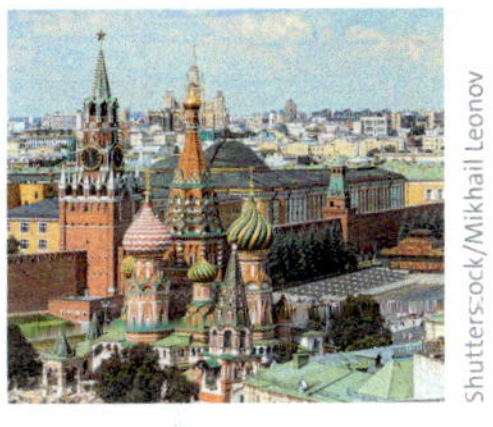

Shutterstock/Mikhail Leonov

Екатерина Великая

По свидетельствам многих современников Екатерина Великая была красивой женщиной, к моде она была равнодушна и не носила драгоценностей. На «работу в государственной службе» она носила простые и скромные платья. Она была не только скромна, но также и экономна.

Ekaterina wurde als schöne Frau beschrieben, die sich immer meist einfach kleidete und an normalen Tagen kaum ihren wertvollen Schmuck trug. Ihr Tag war im Stundentakt geplant, sie hielt einen strengen Ablauf des Tages ein, sie stand früh auf, ging dann ihren Staatspflichten nach und danach ihren Hobbys: sie bearbeitete Knochen, Holz und Bernstein.

Shutterstock/FOTOGRIN

Пётр Первый

Пётр Первый был первым императором России. Он начал своё правление в 1682 году. Он провёл множество реформ, выигрывал войны, модернизировал страну. Кроме того, он увлекался медициной и очень любил удалять больные зубы.

Peter der Erste war einer der bekanntesten Herrscher der russischen Geschichte. Seine Regierungszeit begann am Ende des 17. Jahrhunderts. Er wurde zu einer historisch bedeutenden Person, weil er viel für die Entwicklung des Landes erreichte. So brachte Peter der Erste zum Beispiel aus Holland Tulpen mit nach Russland, wo sie schnell zu beliebten Blumen wurden.

stock.adobe.com/myskina6

Николай Второй

Последнего царя России звали Николаем Романовичем Романовым, он правил 23 года. Николай был женат на гессенской принцессе Алекс, которая приняла православие и получила имя Александры Фёдоровны. Они были очень просты в быту и считали, что не стоит слишком баловать своих детей и себя тоже. Мало кто сегодня знает, что Николай увлекался плаванием на байдарках и на день рождения ему часто дарили лодки или байдарки.

Der letzte russische Zar Nikolai Romanow heiratete eine deutsche Prinzessin, in die er sich schon mit 16 Jahren verliebt hatte. Das letzte Zarenpaar führte ein sehr einfaches Leben, sie aßen ganz gewöhnliche Speisen und verwöhnten ihre Kinder kaum. Die Zarin arbeitete während des Krieges als eine Krankenschwester in einem Lazarett und half den verwundeten Soldaten.

INTERFOTO

Урок 5

S.59 **5** **Твой друг проходит практику в экологической организации. Эта организация получила запрос, и он попросил тебя помочь ему понять имейл. Напиши для него важные факты на русском языке.**

Sehr geehrte Damen und Herren,

wir sind eine gemeinnützige Organisation, die sich seit Jahren mit Untersuchungen zur Entwicklung von Wirtschaft und Tourismus in Osteuropa beschäftigt. Wir würden gerne das Gebiet des Altai in den Mittelpunkt unserer Arbeit stellen. Dafür suchen wir Partner vor Ort.

Wir würden uns sehr freuen, wenn Sie uns bei unserer Arbeit unterstützen könnten, insbesondere auch deshalb, weil wir mehrere Exkursionen in Ihr Gebiet planen.

Für uns wäre es sehr wichtig zu erfahren, welche Angebote Sie in Ihrem Programm haben? Gibt es bereits eine Zusammenarbeit mit anderen deutschen Organisationen? Wir würden uns sehr über eine Kontaktaufnahme freuen und schlagen Ihnen deshalb folgende Schwerpunkte einer möglichen Zusammenarbeit vor: Wirtschaftsentwicklung unter spezifischen natürlichen Bedingungen sowie Ökonomie, Ökologie und Tourismus. Wir würden uns über eine Antwort und weitere Vorschläge für eine mögliche Zusammenarbeit freuen.

Mit freundlichen Grüßen

Klaus Müller (Org. Osteuropa)

S.62 **6** **1. Прочитай биографическую заметку о Серже Танкя́не. Скажи, чем он занимается.**

Серж Танкя́н – известный американский музыкант армянского происхождения, основатель и лидер группы *System of a Down*, которая играет в стиле *Nu Metal* и очень популярна во всём мире. Серж поёт и на армянском языке, выпускает сольные альбомы, посещает Армению и, по признаниям многих хорошо его знающих людей, очень приятный и добрый человек.
Кроме того, Серж Танкя́н – ещё и известный общественный деятель, который выступает за признание армянского геноцида. Недавно он написал музыку к документальному фильму *Intent to Destroy*, в котором речь идёт об убийстве несколько миллинов армян.
Серж Танкя́н также активно выступает за отмену забоя кур фирмой KFC. Сам он является вегетарианцем. В интернете, на его сайте и страницах в соцсетях можно найти очень много информации о нём и познакомиться с его творчеством.

Серж Танкя́н на концерте в Гамбурге

2. Выберите одну из тем и подготовьте вопросы для онлайн-интервью. Найдите для этого материал, прочитайте, обсудите его и напишите 10 вопросов для вашего интервью.

Серж Танкян – известный рок-музыкант

Серж Танкян как общественный деятель

Selbstüberprüfung

Hier findest du die Lösungen zu allen Testaufgaben.

Gehe dabei so vor:
1. Löse erst alle Aufgaben selbstständig und ohne Hilfsmittel.
2. Vergleiche dann deine Ergebnisse mit den Lösungen hier.
3. Markiere deine Fehler mit Textmarker.
4. Überlege selbst, wie der Fehler entstanden sein könnte.
5. Nutze dann die Hinweise in der 3. Spalte, um deine Kenntnisse zu verbessern.
6. Bitte hier auch Mitschüler/innen oder deine/n Lehrer/in um Hilfe.
7. Wenn du möchtest, kannst du die Testaufgaben im Schülerbuch auch noch einmal lösen.

Wichtig ist bei Testaufgaben, dass du ehrlich arbeitest und nicht nur die Lösungen abschreibst. So bist du zwar schnell fertig, weißt aber nicht, was du wirklich schon kannst und was du noch einmal wiederholen musst.

Lektion Seite/ Übung	Lösung	Wenn du noch Probleme hast, helfen dir folgende Hinweise. SB S. 10/1 = Schülerbuch Seite 10 Übung 1 AH = Arbeitsheft G = Regel im grammatischen Anhang des Schülerbuchs
Урок 1 S. 14/1	1. ни …, ни; 2. и …, и; 3. Если бы; 4. стал бы	– Wiederhole folgende grammatische Regeln: die doppelten Konjunktionen SB S. 144 G 4; irreale Bedingungssätze SB S. 143 G 2. – Übe noch einmal die doppelten Konjunktionen mit der Aufgabe im SB S. 15/3 und die irrealen Bedingungsätzen mit den Aufgaben im SB S. 12/6-8.
S. 14/2	1. когда-то, когда-то, кому-то; 2. где-то/когда-то, какой-то, где-то/когда-то	– Wiederhole den Gebrauch der Indefinitpronomen und -adverbien mit *-то* im SB S. 145 G 6. – Übe noch einmal mit der Aufgabe im SB S. 20/5.
S. 14/3	1. А, Б; 2. Б; 3. В; 4. В; 5. А, В; 6. Б, В	– Lies noch einmal in deinem Methodenanhang SB S. 156–157 den Abschnitt zum Hören durch.
S. 15/4	<u>Arbeitsort:</u> Baschkino bei Moskau; <u>Arbeitsstelle:</u> Kinderheim; <u>Erreichbarkeit mit öffentlichen Verkehrsmitteln:</u> S-Bahn/Elektritschka; <u>Tätigkeit:</u> Freiwillige Helfer/ Volontäre zur Organisazion der Freizeit der Kinder; <u>Zeitraum:</u> 1 Jahr; <u>Voraussetzungen:</u> Erfahrung bei der Arbeit mit Kindern, kreatives Arbeiten, Spielen auf einem Musikinstrument, Interesse für Sport; <u>Geforderte Bewerbungsunterlagen:</u> Lebenslauf und Bewerbungsschreiben; <u>Bewerbungszeitraum bis:</u> 30. April	– Lies noch einmal in deinem Methodenanhang SB S. 169 den Abschnitt zur Sprachmittlung durch. – Wiederhole die Lexik der Lektion 1A im SB S. 171–174.

Урок 2 S. 27/1	1. Б; 2. А; 3. В; 4. Б; 5. А	– Lies noch einmal in deinem Methodenanhang SB S. 157–158 den Abschnitt zum detaillierten Lesen durch. – Wiederhole die Lexik der Lektion 2 im SB S. 178–183.
S. 28/2	1. интересная; 2. интересна; 3. популярно; 4. известен; 5. интересны; 6. абстрактный	– Wiederhole die Bildung und den Gebrauch der Kurzform des Adjektivs im SB S. 147–148 G 10. – Übe noch einmal mit den Aufgaben im SB S. 39/4, 5 und im AH S. 25/4, 5.
S. 28/3	– Михаил Лермонтов (1814–1841) поэт и писатель; Майя Плисецкая (1925–2015) балерина; Александр Солженицын (1918–2008) писатель; Пётр Чайковский (1840-1893) композитор; Василий Кандинский (1866–1944) художник	– Wiederhole die Datumsangaben. Sieh dir dazu SB S. 31/2. – Übe noch einmal mit den Aufgaben im AH S. 16/1–3.
Урок 3 S. 40/1	а) Приехав; Погуляв; переехав; Слушая; Посетив; обогащая; Общаясь; рассказывая	– Wiederhole die grammatischen Regeln zu Adverbialpartizipien im SB S. 148–149 G 11. – Übe noch einmal mit den Aufgaben im SB S. 52/7, 8 und im AH S. 31/1–3.
	б) ездили, приехав, вышли, поехали, проехали, ходили, переехав, ходят, пошли (2X)	– Übe noch einmal mit den Aufgaben im SB S. 60/5, 7.
S. 40/2	Сколько языков ты изучаешь в школе? Какие это языки? Какие языки ты знаешь в совершенстве? Ты родилась в билингвальной семье? Какой язык ты хочешь выучить ещё? Что тебе помогает изучать иностранные языки? Что ты планируешь делать после школы?	– Wiederhole die Lexik der Lektion 3Б im SB S. 186–188.
S. 41/3	отдыхали в России отдыхали в Турции, на море были на Майорке были в Египте были дома	– Lies noch einmal in deinem Methodenanhang SB S. 161 den Abschnitt zur Beschreibung eines Diagramms/ einer Statistik durch.
S. 41/4	*Например:* Я изучаю в школе четыре языка: немецкий, английский, французский и русский. Я знаю в совершенстве один язык/ два языка. Я ещё хотел/а бы выучить португальский язык./ Я не хочу учить никакой другой иностранный язык. Мне помогают онлайн-курсы, онлай-словари, приложения для слов, фильмы на иностранных языках. После школы я хотел/а бы отдохнуть/путешествовать/ работать/учиться в университете.	– Wiederhole Argumente für das Sprachenlernen. Nutze dazu SB S. 57/8 und AH S. 36/6.

Урок 4 S. 53/1	а) *Например:* Жизнь в условиях рыночной экономики; Любовь; Любовь во время войны; Молодёжь 80-х б) *Например:* Больше всего меня интересует фильм … Я очень хотел/а бы посмотреть фильм …, потому что … Мне нравятся фильмы о …, поэтому я хотел/а бы посмотреть фильм … Я думаю, что фильмы о … всегда актуальны/интересны. Меня интересут тема этого фильма. Мне интересно узнать …	– Lies noch einmal in deinem Methodenanhang SB S. 164 den Abschnitt, wie man eine Rezension schreibt und seine eigene Meinung äußert und begründet.
S. 54/2	*Правильно:* 1, 3, 4, 6, 7, 8	– Lies noch einmal in deinem Methodenanhang SB S. 156–157 den Abschnitt zum Hören durch. – Höre dir das Gespräch im SB S. 81/8 Track 26 noch einmal an und beantworte die Fragen: *Почему Бен и Вера хотят смотреть телевизор?* *Что показывают на первом канале?* *О каких каналах ребята говорят?* *Какой фильм они хотят посмотреть?*
S. 54/3	1. выполняемое; 2. читаемая; 3. играемая; 4. организуемый	– Wiederhole die Bildung des Partizips Präsens Passiv im SB S. 153 G 17. – Übe noch einmal mit den Aufgaben im SB S. 79/4 und im AH S. 50/1, 2.
S. 54/4	1. готовится, готовит; 2. пишет, пишется; 3. организуется, организует	– Wiederhole das Passiv unvollendeter transitiver Verben im SB S. 151 G 14. – Übe noch einmal mit den Aufgaben im SB S. 72/6 und im AH S. 44/2.
Урок 5 S. 66/1	1. Когда; 2. Чтобы; 3. Если, … то; 4. потому что; 5. поэтому; 6. После того как; 7. перед тем как	– Wiederhole folgende grammatische Regeln: irreale Bedingungssätze SB S. 143 G 2; Temporalsätze SB S. 155 G 20; Kausalsätze SB S. 155 G 21; Konsekutivsätze SB S. 155 G 22. – Übe noch einmal mit den Aufgaben im SB S. 100/5 und im AH S. 63/1, 2.
S. 66/2	1. приехавший; 2. находящийся; 3. Посетив; 4. Читая	– Wiederhole folgende grammatische Regeln: Adverbialpartizipien SB S. 148 G 11; das Partizip Präsens Aktiv SB S. 153 G 18; das Partizip Präteritum Aktiv SB S. 154 G 19. – Übe noch einmal mit den Aufgaben im SB S. 52/7, 8; S. 91/3 und S. 92/5, 6.
S. 66/3	*Правильно:* 1, 3, 5, 7, 9, 10	– Wiederhole die Lexik der Lektion 5B im SB S. 202–204.

S. 67/4	1. Курорт Паланга находится на западе Литвы в Клайпедском уезде. 2. На территории Клайпедского уезда находится природный заповедник. 3. Здесь можно ходить в походы к морю, купаться, загорать, можно посетить музей Янтаря, кататься на велосипедах и посмотреть деревни недалеко от Паланги. 4. Недалеко от Паланги стоит посмотреть Тракайский замок. Ещё можно сделать экскурсию в дом-музей Томаса Манна.	– Lies noch einmal in deinem Methodenanhang SB S. 157–159 den Abschnitt zu verschiedene Lesetechniken durch.

Инструкции к заданиям – Arbeitsanweisungen

Вставь(те) слова в правильной форме.	Füge (Fügt) die Wörter in der richtigen Form ein.
Выбери(те) одно объявление.	Wähle (Wählt) eine Anzeige aus.
Добавь(те) личные местоимения.	Setze (Setzt) (die) Possessivpronomen ein.
Дополни(те) предложения.	Vervollständige (Vervollständigt) die Sätze.
Замени(те) выражения на синонимичные.	Ersetze (Ersetzt) die Aussagen durch sinngemäße Wendungen.
Заполни(те) таблицу.	Fülle (Füllt) die Tabelle aus.
Используй(те) *ли*.	Verwende (Verwendet) *ли*.
Исправь(те) неправильные ответы.	Korrigiere (Korrigiert) die falschen Antworten.
Обменяйтесь вашими выражениями.	Tauscht eure Wörter/Wendungen aus.
Образуй(те) краткую форму прилагательного.	Bilde (Bildet) die Kurzform des Adjektivs.
Обрати(те) внимание на вопросительные слова.	Achte (Achtet) auf die Fragewörter.
Обсудите карикатуру.	Tauscht eure Meinung zu der Karikatur aus.
Обясни(те) своими словами.	Erläutere (Erläutert) mit eigenen Worten.
Отметь(те) правильные ответы.	Markiere (Markiert) die richtigen Antworten.
Передай(те) основные факты на русском языке.	Gib (Gebt) wichtige Fakten auf Russisch wieder.
Подготовь(те) текст для чата.	Bereite (Bereitet) einen Text für den Chat vor.
Подчеркни(те) ключевые слова.	Unterstreiche (Unterstreicht) die Schlüsselwörter.
Продолжи(те) предложения.	Beende (Beendet) die Sätze.
Реши(те) кроссворд.	Löse (Löst) das Kreuzworträtsel.
Соедини(те) части предложений.	Verbinde (Verbindet) die Satzteile miteinander.
Составь(те) предложения.	Bilde (Bildet) Sätze.
Сравни(те) виды искусства.	Vergleiche (Vergleicht) die Kunstarten miteinander.

Hörübungen des Arbeitsheftes

Track 1 Urheberrechtshinweis

Track 2	Урок 1 А	упр. 6	*стр. 7*
Track 3	Урок 1 Б	упр. 3	*стр. 8*
Track 4	Урок 1 тест	упр. 3	*стр. 14*
Track 5	Урок 2 повторение	упр. 6	*стр. 17*
Track 6	Урок 2 Б	упр. 4	*стр. 22*
Track 7	Урок 2 В	упр. 6	*стр. 26*
Track 8	Урок 2 тест	упр. 3	*стр. 28*
Track 9	Урок 3 Б	упр. 5	*стр. 36*
Track 10	Урок 3 В	упр. 5	*стр. 39*
Track 11	Урок 4 повторение	упр. 5	*стр. 43*
Track 12	Урок 4 тест	упр. 2	*стр. 54*
Track 13	Урок 5 тест	упр. 3	*стр. 66*